O JOGO TEATRAL NO LIVRO DO DIRETOR

Supervisão editorial: J. Guinsburg
Revisão: Luicy Caetano de Oliveira, Juliana Sergio
Capa: Adriana Garcia
Produção: Ricardo W. Neves e Sergio Kon
Impressão e acabamento: Meta Brasil

O JOGO TEATRAL NO LIVRO DO DIRETOR

VIOLA SPOLIN

traduzido por
INGRID DORMIEN KOUDELA
EDUARDO AMOS

Título do original inglês
Theater Games for Rehearsal: A Director's Handbook

Copyright © 1985 by Viola Spolin

Dados Internacionais de Catalogação na Publicação (CIP)
(Câmara Brasileira do Livro, SP, Brasil)

Spolin, Viola, 1906-1994.
　　O jogo teatral no livro do diretor / Viola Spolin; [tradução Ingrid Dormien Koudela e Eduardo Amos] – São Paulo: Perspectiva, 2017.

　　Título original: Theater games for rehearsal: a director's handbook
　　4. reimpr. da 2. ed. de 2004.
　　ISBN 978-85-273-0204-3

　　1. Arte dramática – Estudo e ensino 2. Jogos I. Título.

04-6919　　　　　　　　　　　　　　CDD-792.02807

Índices para catálogo sistemático:

1. Jogos teatrais : Arte dramática : Estudo e ensino　792.02807

2ª edição – 4ª reimpressão
[PPD]

Direitos reservados
em língua portuguesa à

EDITORA PERSPECTIVA LTDA.

Av. Brigadeiro Luís Antônio, 3025
01401-000　São Paulo　SP　Brasil
Telefax: (11) 3885-8388
www.editoraperspectiva.com.br

2019

Para minhas irmãs Pauline Hirzel, Irene Norton, Beatrice Lees.

Agradeço a Carol Sills por seu trabalho na revisão e datilografia do manuscrito e ao meu querido marido Kolmus Greene por sua avaliação. Obrigada Robert Martin. Obrigada Paul Thompson da Northwestern University Press.

Sumário

INDICADORES DE UM CAMINHO PARA
O JOGO TEATRAL – *Ingrid Dormien Koudela*   11

PREFÁCIO   15

1. PREPARAÇÃO   17
    O DIRETOR   *18*
    TÉCNICAS TEATRAIS   *20*
    A ESCOLHA DA PEÇA   *20*
    O OBJETIVO DO DIRETOR   *21*
    O FOCO   *22*
    FORMAÇÃO DO ELENCO   *23*
    A AVALIAÇÃO   *24*
    O DIRETOR COMO INSTRUTOR   *24*
    A INSTRUÇÃO   *25*
    ESPONTANEIDADE – O MOMENTO DE DESEQUILÍBRIO   *26*
    A HABILIDADE DO DIRETOR PARA INSPIRAR   *27*
    OS ENSAIOS   *28*
    O TEMA   *29*
    A INSTRUÇÃO PARA ATUAR   *30*

2. OFICINAS — 33

OLHAR E NÃO CONTEMPLAR — 34
Exposição — 34
Cabo de Guerra — 35
Três Mudanças — 36
Jogo de Bola — 36
Espelho — 38
Quem é o Espelho? — 38
Siga o Seguidor — 39

3. O PRIMEIRO PERÍODO DE ENSAIO — 41

SUGESTÕES — 41
A PRIMEIRA LEITURA — 42
Sentindo o Eu com o Eu — 43
Vogais e Consoantes — 44
Soletrando — 44
Câmera Lenta — 45
Diálogo Cantado — 45

AQUECIMENTOS — 46
Pegador com Explosão — 46
Coelhinho Sai da Toca — 47
Quem Iniciou o Movimento? — 47

PRIMEIRO ENSAIO DE PALCO — 48
ONDE (O CENÁRIO) — 49
Jogo do Onde no 1 — 50
Jogo do Onde no 2 — 52
Jogo do Onde no 3 — 52

DAR E TOMAR — 53
Tomar e Dar — 53
Dar e Tomar (Aquecimento) — 54
Dar e Tomar — 54
Convergir e Redividir — 56

ATIVIDADE DE CENA (MARCAÇÃO) — 57
LINHAS DE VISÃO PARA UM PALCO OBJETIVO — 59
QUADRO DE CENA — 59
Quadro de Cena — 60

ATIVIDADE DE PALCO — 61
Segura isso! — 61

4. O SEGUNDO PERÍODO DE ENSAIO — 63

- O ENSAIO RELAXADO — 65
- IMPROVISAÇÕES GERAIS SOBRE A PEÇA — 66
  - *Começo e Fim com Objetos* — 67
  - *Ver a Palavra* — 68
  - *Explorar e Intensificar* — 69
- RISO NO ENSAIO — 69
- AMADURECENDO OS JOGADORES — 70
- O ENSAIO CORRIDO SEM PARADAS — 71
- BIOGRAFIAS — 72

5. AFINAÇÕES — 75

- A LEITURA DAS FALAS COM NATURALIDADE — 75
  - *Blablação: Vender* — 76
  - *Blablação/Português* — 77
- MEMORIZAÇÃO — 78
- TEMPO — 79
  - *Conversa em Três* — 80
- CONTATO — 81
  - *Contato Através dos Olhos no 7* — 81
  - *Contato* — 82
- CONTATO COM A PLATEIA — 83
  - *Contato Através dos Olhos no 2* — 84
- OUVINDO OS JOGADORES — 84
- PEGANDO DEIXAS — 85
- FISICALIZANDO — 85
  - *Mostrando a Emoção (ação interior) por Meio de Objetos* — 86
  - *Transformando a Emoção* — 87
- EMOÇÃO — 88
  - *Modificando a Intensidade da Emoção* — 88
  - *Câmera* — 89
- SILÊNCIO ANTES DAS CENAS — 90
- SILÊNCIO NO PALCO — 90
  - *Grito Silencioso* — 90
  - *Tensão Silenciosa no 1* — 91
  - *Tensão Silenciosa no 2* — 92
- TEATRALIDADE — 92
  - *Som Estendido* — 93

TIRE DA CABEÇA! COLOQUE NO ESPAÇO!	*93*
Substância do Espaço	*94*

6. O TERCEIRO PERÍODO DE ENSAIO — *95*

CRIANDO BOLOR	*95*
Dublagem	*97*
Parte de um Todo, Objeto	*99*
Verbalizando o Onde, Parte 1	*100*
Verbalizando o Onde, Parte 2	*101*
ENSAIOS LOCALIZADOS	*101*
FAZENDO SOMBRA	*102*
Fazendo Sombra	*103*
SAÍDAS E ENTRADAS	*104*
Saídas e Entradas	*104*
VER O ESPETÁCULO	*105*
O MEDO DO PALCO NO DIRETOR	*105*
O ENSAIO CORRIDO ESPECIAL (CORTANDO O CORDÃO UMBILICAL)	*106*
A MAQUIAGEM E O ATOR	*107*
O DESFILE DE FIGURINOS	*108*
O PRIMEIRO ENSAIO COM FIGURINO	*108*
A APRESENTAÇÃO	*109*
PONTOS DE OBSERVAÇÃO	*110*

7. JOGOS PARA A CONTINUAÇÃO DOS ENSAIOS — *113*

JOGOS DE PERSONAGEM	*114*
VISUALIZAÇÃO FÍSICA	*115*
Baú Cheio de Chapéus	*116*
Que Idade Tenho?	*117*
O Que Faço para Viver?	*117*
Quem Sou Eu?	*118*
Jogo do Quem no 1	*119*
Jogo do Quem no 2	*119*
Que Idade Tenho? Repetição	*120*
Exercício para as Costas no 1	*121*
Exercício para as Costas no 2	*122*
Sustente! no 1	*122*

Sustente! no 2	*123*
Espelho com Penetração	*124*
Transformação de Relacionamento	*125*
JOGOS PARA OUVIR/ESCUTAR	*126*
Espelho e Som	*126*
Fala Espelhada	*127*
Sussurro no Palco	*128*
Conversas Não Relacionadas	*129*
Efeitos Sonoros Vocais	*129*
Quem Está Batendo?	*130*
JOGOS DE NÃO MOVIMENTO	*131*
Aquecimento com Não Movimento	*131*
Não Movimento: Caminhada	*132*
JOGOS COM ESPAÇO	*133*
Encontrar Objetos no Ambiente Imediato	*133*
CAMINHADAS NO ESPAÇO	*134*
Caminhada no Espaço no 1	*134*
Caminhada no Espaço no 2	*135*
Caminhada no Espaço no 3: Esqueleto	*136*
Tocar e Ser Tocado/Ver e Ser Visto	*137*
JOGOS TRADICIONAIS	*138*
Passa Objeto	*139*
Eu Vou para a Lua	*140*
Sílabas Cantadas	*140*
OUTROS JOGOS COM ONDE	*141*
O Onde Especializado	*141*
Que Horas São?	*142*
O Que Está Além: Atividade	*142*
O Que Está Além?	*143*
JOGOS VARIADOS	*144*
Acrescentar uma Parte	*144*
Plateia Surda	*144*
Cego	*145*
Pregão	*146*
Ocultando	*146*

GLOSSÁRIO E FRASES PARA INSTRUÇÃO   149

ÍNDICE DE JOGOS   153

Objetivo: define o principal resultado que um diretor espera obter de cada jogo. Todos os jogos têm múltiplos usos. Mas os diretores podem resolver problemas particulares surgidos no ensaio consultando o *Objetivo*.

Foco: O ator/jogador mantém o olho mental fixado no *Foco* assim como um jogador de bola mantém o seu olho na bola em movimento. O *Foco* garante o envolvimento de todos os participantes em cada momento durante o processo do jogo.

Instrução: (negrito) é o elo entre diretor/instrutor e os atores/jogadores. São instruções dadas *enquanto o jogo está sendo jogado*. Os jogos de Spolin baseiam-se em instruções, o ator/jogador em última análise faz da instrução parte de sua própria consciência.

ACRESCENTAR UMA PARTE

Objetivo: Ajudar os jogadores a trabalhar juntos.
Foco: Usar parte de um objeto inteiro no espaço – fora da cabeça.
Descrição: Times de oito a dez jogadores. O primeiro jogador utiliza ou estabelece contato com uma parte de um objeto maior que somente ele tem em mente e então sai da área de jogo. Um por um, os jogadores utilizam ou estabelecem contato com outras partes do objeto maior até que o objeto todo esteja configurado no espaço. Por exemplo, o primeiro jogador senta-se e utiliza um volante, o segundo arruma o espelho retrovisor, o terceiro abre a porta do carro e assim por diante.
Notas: 1. Esse jogo é semelhante ao *Parte de um Todo*, p. 99, mas os jogadores não se tornam parte com o corpo. Aqui eles deixam partes do objeto maior na área de jogo. 2. Os jogadores não devem construir sua parte do objeto com instrumentos, mas utilizando esta parte. O espelho retrovisor, no exemplo dado, deve ser acrescentado olhando dentro dele e arrumando o penteado. O foco neste jogo está na aparência – quando o invisível se torna visível.

**Deixe-nos ver o que você está vendo!
Permaneça com o mesmo objeto maior!
Evite planejar a sua parte!
Utilize o que foi deixado pelos outros e deixe a sua própria parte aparecer!**

Plateia, qual era o objeto completo? As partes acrescentadas estavam no espaço ou na cabeça dos jogadores? Jogadores, vocês concordam? Primeiro jogador, era esse o objeto que você tinha em mente?

Descrição: diz ao diretor como organizar o jogo, onde posicionar os jogadores, quando começar a fornecer instruções técnicas, quando deter o jogo etc.

Notas: inclui observações sobre o que leva o jogo a funcionar de maneira mais efetiva, que dificuldades podem surgir no jogo e como resolvê-las, que oportunidades devem ser procuradas, que outros jogos se relacionam a este etc. Familiarize-se tanto com *Descrição* quanto com *Notas* antes de iniciar o jogo.

Avaliação: consiste em questões seja para os atores/jogadores seja para os observadores. A avaliação revela o que foi percebido, aprendido e/ou realizado no curso do jogo.

INDICADORES DE UM CAMINHO PARA O JOGO TEATRAL

Quando todos se tornarem líderes
Quem será o seguidor?
Quando todos se tornarem seguidores
Quem ficará para ser o líder?
Quem ficará para ser líder ou liderado
Quando todos forem seguidores e líderes?
VIOLA SPOLIN

Na relação autoritária, a regra é percebida como lei. Na instituição lúdica, a regra do jogo pressupõe o processo de interação. O sentido de cooperação leva ao declínio do misticismo da regra quando ela não aparece como lei exterior, mas como o resultado de uma decisão livre porque mutuamente consentida. Cooperação e respeito mútuo são formas de equilíbrio ideais que só se realizam através do conflito e exercício da democracia.

Os Jogos Teatrais são frequentemente usados tanto no contexto da educação como no treinamento de atores. Há portanto uma utilização múltipla para os Jogos Teatrais, dependendo do contexto de seu emprego e da abordagem crítica que é aplicada durante as avaliações.

Nas oficinas de Jogos Teatrais, através do envolvimento do grupo, os atores/jogadores irão desenvolver liberdade pessoal dentro de regras estabelecidas, habilidades pessoais necessárias para jogar o jogo e irão internalizar essas habilidades e esta liberdade ou espontaneidade. Os jogos são baseados em problemas a serem solucionados. O problema a ser resolvido é o objeto do jogo que proporciona o "Foco". As regras do Jogo Teatral incluem a estrutura dramática (Onde, Quem, O Quê) e o objeto (Foco), mais o acordo de grupo. Para ajudar os jogadores a alcançar uma solução focalizada para o problema, Spolin emprega a técnica de "instrução", através da qual encoraja o jogador a conservar a atenção no Foco. Dessa forma, estrutura o jogo intervindo com comentários que constantemente mantém o jogador em contato com a realidade objetiva.

No contexto da educação, vários autores contribuíram para uma fundamentação teórica do método de Jogos Teatrais e demonstraram a importância de sua aplicação com crianças e adolescentes. Significativa neste debate é a importância atribuída ao teatro no processo educacional, como um meio para a educação estética. Os Jogos Teatrais são muitas vezes relacionados com uma forma de aprendizagem cognitiva, afetiva e psicomotora embasada no modelo piagetiano para o desenvolvimento intelectual.

Referindo-se aos Jogos Teatrais, Hans Furth, especialista em Piaget, ao falar da criatividade dramática como um auxílio para o pensamento criativo e social para o desenvolvimento intelectual afirma... "encontrei no livro mais verdades psicológicas que em muitos cursos de psicologia de nível universitário. O livro de Spolin não foi escrito com referência a metas pedagógicas tradicionais. A obra constitui verdadeiro filão de aplicações psicológicas profícuas, se puder ser visto dentro do arcabouço do desenvolvimento da inteligência operatória"[1].

---

1. Hans Furth, *Piaget na Sala de Aula*, Rio de Janeiro, Forense, 1972.

Charles Combs[2], autor que defendeu tese sobre a epistemologia piagetiana aplicada a uma análise da criatividade dramática, conclui que "... a criatividade dramática proporciona um meio de atividade adaptativa para a criança que influencia sua descentralização cognitiva, social e moral. Mais ainda, é uma atividade realizada no contexto das artes, mais especificamente do teatro. Como tal, ela proporciona prazer estético tanto quanto um desafio intelectual através do qual a criança, como criador, ator, plateia e crítico, utiliza seus esquemas cognitivos e afetivos para estruturar a realidade objetiva."

No trabalho escrito sobre os Jogos Teatrais para a dissertação de mestrado junto à Escola de Comunicações e Artes da Universidade de São Paulo[3] defendemos a tese de que o processo de Jogos Teatrais visa efetivar a passagem do teatro concebido como ilusão para o teatro concebido como realidade cênica. A passagem do Jogo Dramático ou Brincadeira de Faz-de-Conta para o Jogo Teatral representa a transformação do egocentrismo em jogo socializado. O desenvolvimento progressivo do sentido de cooperação leva à autonomia da consciência, realizando a "revolução copernicana" que se processa no indivíduo, ao passar da relação de dependência para a de independência. A mesma revolução que ocorre com a criança em desenvolvimento pode ser acompanhada de crescimento do indivíduo no palco. Traduzimos a transformação da subjetividade em objetividade no trabalho do ator quando ele compreende a diferença entre história e ação dramática. Ao "fiscalizar" (mostrar) o objeto (emoção ou personagem), ele abandona quadros de referência estáticos e se relaciona com os acontecimentos, em função da percepção objetiva do ambiente e das relações no jogo. O ajustamento da realidade a suposições pessoais é superado a partir do momento em que o joga-

---

2. Charles Combs, "A Piagetian View of Creative Dramatics" in *Children's Theater Review*, vol. XXX, n. 2, Spring, 1981.
3. Ingrid Dormien Koudela, *Jogos Teatrais*, São Paulo, Perspectiva, 1984.

dor abandona a história de vida (psicodrama) e interioriza a função do Foco, deixando de fazer imposições artificiais a si mesmo e permitindo que as ações surjam da relação com o parceiro.

No Brasil, através da publicação de *Improvisação para o Teatro*[4], o sistema de Jogos Teatrais vem contribuindo para a formação em teatro nos mais diferentes níveis, desde a sua aplicação a crianças e adolescentes até sua utilização nos cursos das escolas de teatro.

Com uma nova perspectiva, a do diretor, *O Jogo Teatral no Livro do Diretor*, visa os grupos de teatro profissionais e amadores, reorganizando o material com esse objetivo.

O caráter de manual do livro pode, num primeiro momento, surpreender e até criar uma resistência no encenador que se confrontar com os jogos. A estrutura de manual é, no entanto, uma característica da organização do material de jogos e vai se revelar como uma abordagem didática fascinante para o artista voltado para a prática. Somente no exercício irá desvendar esta antididática. O método dos jogos teatrais de Viola Spolin (1906-1994) é atual e continua cada vez mais presente no Brasil e no mundo.

INGRID DORMIEN KOUDELA

---

4. Viola Spolin, *Improvisação para o Teatro*, São Paulo, Perspectiva, 1979.

Prefácio

Este trabalho visa fornecer ao diretor de teatro uma maneira segura de ensaiar um espetáculo por meio dos meus jogos teatrais, os quais foram inicialmente desenvolvidos como simples exercícios para dirigir atores que trabalham com texto escrito. Por muitos anos, meu trabalho no desenvolvimento dos jogos forneceu uma técnica importante para grupos de teatro improvisacional em todo o mundo.

Para os grupos de teatro amador e infantil, os exercícios começaram como formas de solucionar problemas de produção. Esses problemas teatrais incluíam a representação de personagem e da emoção, e o uso da linguagem e convenções de palco relacionadas com o texto escrito, com o qual o grupo trabalhava. *Saídas e Entradas*, p. 104, *Dar e Tomar*, p. 54, *Quadro de Cena*, p. 60, *Começo e Fim*, p. 67, *Blablação*, p. 76, e muitos outros jogos surgiram durante as oficinas semanais. Na medida em que o valor do jogo e do próprio ato de jogar tornavam-se mais claros, a palavra "jogo" substituiu a expressão "solução de problemas". As explicações sobre técnicas, intenções etc. tornaram-se desnecessárias. A procura lógica e racional dessas informações tinha sido ultrapassada pelo foco do jogo teatral.

Descobri que durante o jogo eu podia continuar a dar instruções sem interromper o que os atores estavam fazendo. Minha direção então começou a consistir de instruções para o foco do jogo. Cenas confusas, emboladas, por exemplo, foram limpas com o simples uso da instrução Compartilhe o quadro de cena!

O foco do jogo teatral desperta o intuitivo.

"Nos exercícios de Viola Spolin, ao invés de se prender a teorias, sistemas, técnicas ou

leis, o ator se torna artesão da sua própria educação (teatro), produzida livremente por ele mesmo", Ingrid Dormien Koudela, tradutora do livro Improvisação para o Teatro *da mesma autora, em sua introdução para a edição brasileira.*

Duas Cenas! Dar e Tomar! Quadro de Cena! – essas e muitas outras instruções são os instrumentos para dirigir seus atores. O significado e o objetivo dessas instruções tornar-se-ão claros através do uso contínuo durante as oficinas e os ensaios. Atuar/jogar junto traz todos os jogadores para o mesmo espaço, não importando a diversidade de sua formação e treinamento.

Não se pode enfatizar demasiadamente que jogar pode tirar muitos diretores e elencos de situações difíceis, livrando-os da temida armadilha da memorização, caracterização e interpretação. Jogar instiga e faz emergir uma força de vida muito importante, quase esquecida, pouco compreendida ou utilizada, e muito depreciada – a paixão.

1. Preparação

Atuar requer presença. Aqui e agora. Jogar produz esse estado. Da mesma forma que os esportistas estão presentes no jogo, assim também devem estar todos os membros do teatro no momento de atuar.

Presença é uma palavra que infelizmente se tornou desgastada. Todos a usamos e pensamos que sabemos o que significa. Frequentemente sentimo-la numa outra palavra, ocasionalmente achamos que a alcançamos, mas nem sempre sabemos como encontrá-la e mantê-la.

A presença chega através do intuitivo. Não podemos aproximar a intuição até que estejamos livres de opiniões, atitudes, preconceitos e julgamentos. O próprio ato de procurar o momento, de estar aberto aos parceiros de jogo, produz uma força de vida, um fluxo, uma regeneração para todos os participantes.

Como isso pode acontecer? Para começar, é necessário formar um grupo (comunidade). Espera-se que todos os membros do grupo venham ao primeiro ensaio aberto para o texto, o evento emergente ao redor do qual a comunidade se formará. Como indivíduos, somos isolados uns dos outros, cheios de limitações, medos, tensões, competitividade, preconceitos e atitudes preconcebidas. Se a nossa abertura for mais do que apenas uma esperança, um sentimento, uma palavra, então certas condições

Não considere o tempo presente como sendo o tempo do relógio, mas como um momento em que todos estão mutuamente engajados em experimentar, sendo o resultado ainda desconhecido.

O ato de acertar o cesto ou marcar o gol mantém tanto o jogador como o espectador no estado do processo, no estado de união em torno de possibilidades ainda desconhecidas. Os atores devem transformar-se em jogadores.

No primeiro período de ensaios, o diretor, os jogadores e o autor talvez estejam se encontrando pela primeira vez. Inicialmente é preciso aproximar os jogadores de si mesmos, e então aproximá-los de seus parceiros de jogo e das palavras do autor no espaço do jogo.

"Como estou me saindo?" reflete a obsessiva síndrome da aprovação/desaprovação.

O jogador deve estar desprendido (em nome de um envolvimento maior) no momento em que ele espera pela bola em movimento. Ele deve tornar-se espectador do resultado. O mesmo é válido para os jogadores de jogos teatrais.

A intuição emerge no lado direito do cérebro, na mente metafórica, área x, a área do conhecimento que está além das restrições de cultura, raça, educação, psicologia e idade; ela é mais profunda do que as máscaras de maneirismos, preconceitos, intelectualismos que a maioria de nós veste no cotidiano.

deverão ser atendidas. A primeira delas poderíamos chamar de mutualidade ou confiança. O verdadeiro jogo produzirá confiança[1].

Todo aquele que trabalha com um texto escrito deve estar livre de pensamentos subjetivos subjacentes e/ou ligados às próprias palavras, na medida em que forem sendo proferidas. Isso se consegue desligando a força das palavras (a qual reside na lembrança de significados – velhos enredos que raramente veem o que os olhos veem, ouvem o que o ouvido ouve, ou conhecem o que o tato sente). Ao invés disso, deve-se entrar no fisiológico, na linguagem física em si, através do uso de certos jogos teatrais[2].

Os jogadores que se perdem no personagem, nas emoções e nas atitudes e ficam preocupados com "como estou me saindo?" estão confinados em suas próprias cabeças: fragmentados, isolados, solitários e perdidos. Eles vivem na memória (não no presente). Mesmo o desempenho mais competente, se for feito dessa maneira, será vazio e deixará a todos isolados. A plateia e os jogadores serão igualmente enganados.

Todos os jogadores que estão no mesmo espaço de jogo devem estar "à espera" enquanto a peça se desdobra. Não esperar por, mas estar à espera. Esperar por é passado/futuro. Estar à espera é permitir que o desconhecido – o novo, o inesperado, talvez o momento de arte (vida) se aproxime.

O DIRETOR

Os jogos teatrais são técnicas do diretor. Cada jogo, quase sem exceção, foi desenvolvido com o único propósi-

---

1. Veja *Tocar e Ser Tocado*, p. 137, e *Caminhadas no Espaço*, p. 134-136. Como última etapa da construção da confiança, veja Ensaio Corrido Especial, p. 106.
2. *Vogais e Consoantes*, p. 44 etc.

to de fazer com que alguma coisa aconteça no palco. Eles solucionam problemas com marcação, personagem, emoção, tempo e as relações dos atores com a plateia. Cada jogo teatral é uma varinha de condão e, como tal, desperta o intuitivo, produzindo uma transformação não apenas no ator/jogador como também no diretor/instrutor.

A necessidade de criar parceria e ao mesmo tempo de assegurar o toque do diretor sobre a produção exige uma abordagem não autoritária. Durante o jogo todos se encontram no tempo presente, envolvidos uns com os outros, fora do subjetivo[3], prontos para a livre relação, comunicação, resposta, experienciação, experimentação e fluência para novos horizontes do eu. A direção não vem de fora, mas das necessidades dos jogadores e das necessidades teatrais do momento.

Há variações de habilidade, talento e gênio em cada grupo que joga. Mas, não importa o nível, seja ele de teatro amador ou profissional, um desempenho interessante está dentro da capacidade de qualquer grupo.

Se você está preocupado com o processo, afaste-se dos clichês de teatro que tornaram-se rótulos. Evitar os rótulos liberta o pensamento, pois permite que o jogador compartilhe de maneira singular. Os atores desenvolvem sensibilidade para o problema da relação com a plateia. Impor um rótulo antes que o seu significado orgânico esteja completamente compreendido, impede essa experimentação direta, abortando a resposta intuitiva.

Em alguns casos, o elenco terá atores com experiência teatral anterior que usarão a terminologia convencional de palco e poderão até ficar irritados com a não utilização de tais termos. Contudo, isso irá gradualmente desaparecer na medida em que você lentamente estabelecer a terminologia dos jogos teatrais. As frases usadas para instruir o jogo teatral evocam a descoberta[4].

Os autoritários acreditam que eles conhecem o único caminho.

Substitua Compartilhe com a sua plateia! Você está balançando o barco! Compartilhe a sua voz! *por termos como "marcação" e "projeção".*

O reconhecimento de Compartilhe com a sua plateia! *torna-se responsabilidade de cada jogador e produz um movimento mais espontâneo do que qualquer comentário sobre marcação boa ou má.*

---

3. Veja o *Theater Game File* (CEMREL, 1975), p. 4.
4. Veja o Glossário e Frases para Instrução, p. 149-151.

TÉCNICAS TEATRAIS

As técnicas do teatro são técnicas da comunicação.

As técnicas teatrais estão longe de serem sagradas. Os estilos do teatro mudam radicalmente com o passar dos anos. A realidade da comunicação é muito mais importante do que o método usado. Os métodos se alteram para atender às necessidades de tempo e lugar.

Uma técnica teatral ou convenção de palco torna-se inútil quando se transforma num ritual e quando a razão para a sua inclusão na lista de habilidades dos atores estiver perdida. Estabelece-se uma barreira artificial quando as técnicas estão separadas da experiência direta. Ninguém separa o chute na bola do jogo em si.

Quando a forma de arte se torna estática, e as técnicas são ensinadas isoladamente e estritamente seguidas, tanto o crescimento do indivíduo como da forma sofrem.

As técnicas não são artifícios mecânicos – um saquinho de truques devidamente rotulados, a serem tirados pelo ator quando necessário. Se o ator não for extremamente intuitivo, tal rigidez no ensino que negligencia o desenvolvimento interior, estará invariavelmente refletida no espetáculo.

É pela consciência direta e dinâmica de uma experiência de atuação que a experimentação e as técnicas são tecidas, libertando o ator para o modelo fluente e infinito de comportamento de palco. Os jogos teatrais de Viola Spolin fazem isso.

Quando um ator sente "na carne" que há muitas maneiras de fazer e dizer uma coisa, as técnicas virão (como deveriam) a partir do eu total.

A ESCOLHA DA PEÇA

É difícil estabelecer regras para escolher uma peça. Contudo, há algumas questões específicas que o diretor deveria se colocar antes de tomar uma decisão final:

1. Quem será a plateia?
2. Qual é a habilidade dos meus atores?
3. Tenho equipe técnica para dar conta dos efeitos que a peça exige?
4. É uma peça que eu posso dar conta?
5. Será apenas uma palestra com figurino (moralizadora)?
6. A peça responderá ao meu trabalho?

7. Vale a pena fazer essa peça?
8. A peça é teatral?
9. Será uma experiência criativa para todos?
10. Será divertido fazê-la? Vai funcionar?
11. E psicodrama?
12. Tem bom gosto?
13. Propiciará uma experiência nova? Provocará o pensamento individual, e portanto trará *insight* para a plateia?
14. As partes (pulsações e/ou cenas) da peça estão construídas de modo que possam ganhar vida?

Durante todos os períodos de ensaio questione constantemente:

1. Como pode ser esclarecida a intenção do autor?
2. Os maneirismos individuais estão interferindo?
3. A cena deveria ser intensificada visualmente com marcação e atividade objetiva, adereços de cena ou efeitos diferentes?
4. As cenas de multidão ou de festa estão mal trabalhadas? Veja Quadro de Cena, p. 59.
5. Deveríamos jogar mais?

O OBJETIVO DO DIRETOR

Se a intenção de um jogo teatral for compreendida pelo diretor quando apresentá-lo aos jogadores, uma vitalidade perceptível e um alto nível de resposta ao jogo irão emergir.

Na qualidade de diretor, a sua concentração está no texto e naquilo que deve usar para dar vida a ele. A vida da peça irá emergir do próprio jogo. Trabalhar dessa maneira promove o acordo de grupo, a descoberta de soluções para problemas de palco através do jogo coletivo.

Muito antes de formar o elenco, você terá que ler a peça várias vezes e sentir a intenção do autor, e visualizar a

Os jogos teatrais prefiguram soluções para convenções de palco e comportamentos...

Familiarize-se com os jogos para que você saiba que jogos dar aos jogadores. Isto é essencial para um espetáculo harmonioso e com textura.

peça pessoalmente. No início, a "peça dos seus sonhos" e as produções que você lembrar devem ser descartadas. Uma vez que uma produção é nutrida pelas habilidades, criatividade e energia de muitos, é necessário que o diretor perceba que os atores e os técnicos não podem ser pressionados por modelos preconcebidos se se espera espetáculos. Não há voos solo!

O FOCO

Atenção corporal ao foco transforma atores em jogadores.

"Os jogos teatrais de Viola Spolin são artifícios contra a artificialidade, estruturas destinadas a surpreender a espontaneidade – ou talvez molduras cuidadosamente construídas para manter afastadas as interferências. Importante no jogo é a 'bola' – o Foco, um problema técnico, às vezes um duplo problema técnico que mantém a mente (um mecanismo de censura) tão ocupada passando a mão simultaneamente na barriga e na cabeça em direções opostas, que o gênio (espontaneidade), sem proteção, 'acontece'". – *Film Quarterly*.

Os jogos teatrais dão ao jogador uma tarefa para realizar; o diretor seleciona o jogo que solucionará o problema de atuação.

O diretor ajuda os atores a encontrar e manter o foco, o qual coloca o jogo em movimento, e todos se tornam parceiros de jogo na medida em que prestam atenção aos mesmos problemas a partir de diferentes pontos de vista. Dessa forma, através do foco entre todos, dignidade e privacidade são mantidas e a parceria verdadeira pode surgir. Confie no foco! Deixe-o trabalhar para você.

O esforço para permanecer no foco e a incerteza a respeito do resultado diminuem as atitudes obstrutivas, criam apoio mútuo e geram envolvimento orgânico no jogo, na medida em que ele se desenrola. Como um todo, diretor (instrutor) e atores (jogadores) são trazidos para o momento presente, alertados para a solução do problema. Um jogador de oito anos disse com muita propriedade que "ficar no foco exige todas as nossas forças".

FORMAÇÃO DE ELENCO

Formar o elenco exige um *insight* infinito por parte do diretor, o qual deve, afinal de contas, procurar não a obra acabada, mas aquele tom de voz, aquela presença, aquela qualidade corporal – aquele "algo" indefinível que inicialmente é apenas sentido. (A quantidade de trabalho que tomará para desenvolver totalmente cada pessoa deve ser considerada.) Um ator pode ter as qualidades do personagem que se deseja, mas tem tão pouca formação ou tantos vícios e maneirismos que será impossível conseguir o necessário num período de ensaio limitado.

Um método de formação de elenco que pode ser bem--sucedido com novos elementos é uma combinação de teste com improvisação. Isso tende a relaxar os atores e, num ambiente livre de tensão, é mais provável que o diretor veja claramente as possibilidades de cada um. Dê um rápido resumo da cena para aqueles que estão fazendo o teste: o Onde (cenário) e o Quem (personagens). Ou então proponha uma cena sobre um problema parecido, mas não idêntico ao da peça. Depois que os jogadores tiverem jogado (improvisado), eles podem ler a peça.

Em alguns casos, o diretor lê a peça para o grupo reunido antes da formação do elenco. Se o diretor decidir ler a peça, ele deve ter o cuidado de fazê-lo com o mínimo de caracterização para evitar imitações posteriores por parte dos atores. Às vezes apenas algumas cenas são lidas. Ou então os atores recebem instruções com o mínimo de comentário do diretor[5].

Qualquer que seja o procedimento, as ansiedades do diretor devem ser muito bem ocultadas. O período de formação do elenco é muito tenso para quem tem a responsabilidade da escolha. Você deve certificar-se que a semente do personagem exista dentro de cada ator selecionado para formar o seu elenco.

Um outro método de formação de elenco, se o grupo está trabalhando junto há muito tempo, é fazer uma passada corrida em Blablação (veja p. 76).

---

5. Veja p. 30 sobre instruções.

A AVALIAÇÃO

Em qualquer cultura o relacionamento controlador de pai/professor e filho/aluno é muito enraizado.

Evite a aprovação/desaprovação. Evite o bom/mau.

Nem sempre podemos ser bem-sucedidos em todas as nossas tentativas de eliminar o vocabulário autoritário da atmosfera de trabalho. Durante os ensaios, quando tanta coisa corre risco, as palavras do diretor tornam-se muito importantes. Ao avaliar, fale daquilo que foi ou não foi feito no palco.

As oficinas, nas quais cada jogo tem um foco e geralmente uma plateia que avalia, ajudarão muito. Neste ambiente de avaliação, todos se esforçam para se livrar da crítica subjetiva. Os comentários de bom/mau transformam-se em *Dentro do foco!, Fora do foco!*. Eles solucionaram o problema?

Ao transcender a crítica (opinião pessoal) e ao avaliar com base no que funciona e no que não funciona, você descobrirá sua nova função como guia e poderá levar o grupo até o espetáculo, pois as necessidades do teatro são o verdadeiro mestre.

O DIRETOR COMO INSTRUTOR

O diretor é o olho e o ouvido da plateia que assistirá ao espetáculo.

O diretor transforma-se em parceiro de jogo durante as oficinas e os ensaios.

As energias do diretor devem estar o tempo todo focalizadas na descoberta, tanto pelos atores como pela equipe técnica, de *insights* e perspectivas mais profundas para intensificar a comunicação teatral.

Feliz, de fato, é o diretor que inicia com atores altamente talentosos e técnicos experientes. O trabalho será, assim, mais facilmente executado. Contudo, desde a primeira escolha da peça até a descoberta do enredo, o que for selecionado é o resultado da sensibilidade, consciência e bom gosto do diretor – o agente catalisador, que procura canalizar as energias de pessoas diferentes para uma ação unificadora.

A INSTRUÇÃO

A instrução e o vocabulário específico dos Jogos Teatrais de Viola Spolin buscam eliminar a orientação autoritária e a subsequente síndrome da aprovação/desaprovação, e tentam abrir espaço e tempo para o movimento, a interação e a transformação.

A instrução é uma das facetas geradoras (energizadoras) do processo de jogos teatrais.

A instrução irá apoiar você e os jogadores que estiverem recebendo a sua mensagem. A instrução atinge o organismo total. As expressões usadas na instrução surgem espontaneamente a partir do que está acontecendo no palco, e são dadas no momento em que os jogadores estão em ação. Este é um método para manter o jogador e o diretor em contato.

A instrução deve guiar os jogadores para a troca de energia, mantendo a peça fluindo entre os jogadores, criando assim interação, movimento e transformação.

A instrução alerta o diretor para a necessidade de gerar e/ou manter a energia crescente. A partir dessa liberação de energia o personagem, a emoção e os relacionamentos tomam forma dentro do espetáculo desejado.

A instrução deve ser livre de tom autoritário. Ela não é diretiva. É uma instigação, provocação, estímulo através dos quais o instrutor-diretor catalisa a energia do jogo.

Para dar instruções, utilize um comando simples e direto: *Compartilhe o quadro de cena! Veja os botões da camisa de João! Compartilhe a sua voz com a plateia! Contato! Veja com seus pés! Não conte uma história! Ajude seu parceiro que não está jogando!*

Essas instruções valem uma dúzia de palestras sobre marcação, projeção, visualização de objetos no espaço*,

A instrução traz você para o palco com seus parceiros de jogo, que também estão nadando contra a corrente em direção ao espetáculo. Ao se permitir entrar no papel de instrutor, você e seus jogadores tornam-se parte do processo de crescimento simultaneamente.

Encontre o momento de desequilíbrio.

Deve-se tomar cuidado para que a instrução não se desintegre num envolvimento do tipo aprovação/desaprovação – um comando a ser obedecido!

Uma pessoa autoritária é alguém responsável por alguma coisa – pais, professor, chefe, diretor, ditador. Ao exigir que as coisas sejam feitas do seu modo, ele/ela manipula e bloqueia o intuitivo.

Quer esteja dando ou recebendo a instrução, cada indivíduo deve encontrar o seu próprio caminho através do esforço pessoal.

Sua instrução atinge o eu interno/externo total sem parar o jogo, e o jogador se movimenta de acordo.

---

* Objeto do espaço não significa objeto invisível, ou objeto imaginário, pois o objeto do espaço está ali, é visto pela plateia. O objeto do espaço é feito da substância do espaço. (N. da T.)

etc. Quando esses elementos são dados como parte do processo, o ator sai de uma posição confusa sem esforço algum, dá espaço para que a mesa comece a existir e vê os parceiros de jogo.

O jogador olha interrogativo para fora do jogo quando ouve as suas instruções pela primeira vez, só precisa ser orientado: *Ouça a minha voz! Não dê atenção a ela!*, ou *Ouça a minha voz mas continue jogado!*

Não confunda os jogadores com uma avalanche de instruções sem sentido. Espere que surja o jogo. Lembre-se que você também é um jogador.

Este livro contém um glossário de instruções para seu uso da página 149 à página 151. Cada jogo teatral no livro também inclui algumas instruções sugeridas. As instruções aparecem em letras grandes na coluna à direita da explicação do jogo. Elas são seguidas de perguntas para avaliação do jogo que aparecem em letras menores nas mesmas colunas.

ESPONTANEIDADE – O MOMENTO DE DESEQUILÍBRIO

O medo da espontaneidade é comum. Há segurança nos sentimentos e nas ações velhas e familiares. A espontaneidade pede que entremos num território desconhecido – nós mesmos!

Alguns jogadores sentem-se desconfortáveis e amedrontados ao experimentar um ou dois momentos de verdadeira espontaneidade. Esse momento de desequilíbrio é a saída. Apoie e aplauda esses lampejos de sentir possibilidades não percebidas.

A espontaneidade pode ser alcançada com um texto escrito e com movimentação de cena mais ou menos prescrita? Com repetidas apresentações?

A discussão deste problema com o seu elenco, na realidade, não cerca o problema. Discutir é interromper a comunicação – é cerebral. É necessário quebrar os velhos modelos. Como persuadir e estimular a intuição para despertar o gênio que está adormecido em todos nós? Interrompa o processo para fazer um jogo teatral. Dê as instruções adequadas durante os ensaios. Realize as oficinas regularmente durante a temporada do espetáculo.

A HABILIDADE DO DIRETOR PARA INSPIRAR

As pessoas inspiradas podem andar pelo palco, falar animadamente. Os olhos brilham, as ideias jorram, e o corpo libera suas tensões. Se muitas pessoas estiverem inspiradas simultaneamente, o próprio ar ao redor delas parecerá brilhar e dançar de excitamento.

A inspiração no teatro aparece em forma de energia. Isto não significa saltar desenfreadamente pelo palco (embora às vezes ajude). É a intensidade do foco do diretor naquilo que os jogadores estão fazendo, mais o uso de instruções habilidosas, que estimula os atores a expandirem-se, a alcançarem o que está mais além. Algumas vezes o diretor deve literalmente despejar esta energia sobre o elenco da mesma forma que se despeja água em um copo e, na maioria dos casos, o elenco responderá e será capaz de despejar toda aquela energia de volta novamente.

Nunca, nem por um só momento, você deve mostrar cansaço ou tédio, pois o diretor sem energia causa mais dano ao espetáculo do que se pode imaginar. Se este cansaço ocorrer, é muito melhor parar os ensaios completamente e pedir que o assistente faça um ensaio de mesa.

Qualquer ator (jogador) sem energia não tem valor, não estabelece contato com a atividade que está se desenrolando. O mesmo vale para o diretor, o qual não deve fazer da expressão "inspirar os atores" uma simples frase.

Na verdade, quando ocorrer um relaxamento na energia dos ensaios, seria melhor questionar-se. Faça essas perguntas a si mesmo:

1. Estou dando energia suficiente?
2. Estou me atendo demais em questões mecânicas/técnicas?
3. Quais atores precisam de atenção individual?
4. Eles precisam de mais oficinas?
5. Os ensaios estão muito puxados?
6. Estou importunando os atores?

A inspiração pode ser descrita como aquele ato que atinge o que está além do nosso eu, ou chegar mais profundamente ao eu.

Uma vez um ator comentou: "Trabalhar para você é como trabalhar para um teatro lotado!" Este é o tipo de energia que um diretor deve dar aos atores.

Jogue um jogo tradicional em vez de continuar com um ensaio sem vida.

7. Estou atacando-os?
8. Os atores estão trabalhando em disputa comigo?
9. O problema é físico ou psicológico?
10. Estou sendo apenas um guarda de trânsito?
11. É necessário estimular mais a espontaneidade?
12. Estou usando os atores como bonecos?
13. Estou exageradamente ansioso?
14. Estou pedindo a eles mais do que eles podem dar neste momento?
15. Estou alcançado/atingindo o intuitivo?

Se você procurar e encarar cada problema diretamente (honestamente) seu próprio talento, espontaneidade e energia podem fornecer a inspiração para os seus atores.

OS ENSAIOS

Se o período de ensaio for cheio de tensões, ansiedades, competitividade e mau humor, isto será absorvido pelos atores e pelos seus papéis, e cairá feito uma sombra sobre o trabalho terminado.

O cronograma geral de ensaios pode ser dividido em três períodos. O primeiro período (veja p. 41) é para aquecimento do diretor e dos atores, para colocação dos fundamentos das relações e atitudes em relação à peça e de um para com o outro. O segundo período (veja p. 63) é o espontâneo e criativo, são as sessões de escavação, em que todas as energias são canalizadas para o potencial artístico total em perceber o texto. O terceiro período (veja p. 95) é para polimento e integração de todos os aspectos da produção em uma unidade.

A quantidade de tempo gasto no ensaio depende da disponibilidade dos atores. Os profissionais, naturalmente, não têm outros compromissos. Com grupos de teatro amador, não acontece o mesmo, e a quantidade de tempo livre é limitada.

Se a atmosfera for relaxada e alegre, excitada pelo trabalho atual e antecipando o espetáculo, isto ficará evidente no produto final. Quando os atores estão gostando de seus papéis, a plateia ficará relaxada e isto adicionará mais prazer.

Planeje o horário de ensaio de maneira que todos os atores estejam trabalhando todos os momentos possíveis. É aconselhável pensar em termos de dois tipos de tempo: o tempo do relógio e o tempo de energia. O tempo de energia é mais valioso, pois o diretor pode conseguir tanto dos atores em duas horas de ensaio inspirado quanto em seis horas de tédio e cansaço.

Quer seja uma vinheta, uma peça de um ato, ou uma peça de três atos, quer o tempo do relógio seja de oito horas ou de seis, o tempo do ensaio pode ser calculado anotando-se o que deve ser feito em cada sessão. Se o grupo se reúne apenas três vezes por semana e cada sessão só pode ter um máximo de duas horas, o diretor deve programar os ensaios adequadamente. Quando chegar a hora de provar os figurinos, ensaios gerais etc., deve-se encontrar algumas horas extras para essas atividades, pois consomem tempo.

O TEMA

O tema é o fio que costura e tece cada pulsação da peça ou da cena. Ele se entrelaça e se mostra no mais simples gesto do ator e nos últimos detalhes do figurino.

Em termos simples, o diretor deve pensar no tema como sendo o fio que une todas as partes separadas – um meio para manter o figurino, o cenário, a peça, os técnicos, o diretor e os atores unidos, trabalhando sob uma mesma bandeira.

Às vezes, observando e ouvindo, é uma única palavra ou frase que nos dá o estalo; outras vezes é simplesmente um sentimento não verbal que se desenvolve. O diretor pode encontrar o tema antes dos ensaios se iniciarem, ou muito depois de ter avançado neles. Em alguns casos ele nunca se mostra. O diretor deve ser cuidadoso, contudo, para não ser rígido em encontrar o tema e, no desespero, impor um tema para a peça, produzindo assim uma rua sem saída, em vez de um caminho aberto para todos. O acaso pode ser um tema.

O tema circense de "O Palhaço que fugiu" surgiu após alguns ensaios. Bobby Kay, um palhaço do Clyde Beatty Circus, foi trazido para falar com o elenco sobre palhaços e maquiagem de palhaço. Ele encantou de tal maneira o elenco com suas histórias das tradições que existem por trás dos espetáculos de palhaço e da dignidade com que cada palhaço coloca sua marca no rosto, que quando chegou a hora dos atores criarem seus próprios personagens de palhaço, nenhum fez simplesmente uma "cara engraçada". Cada um se esforçou para colocar a marca sobre o rosto com toda a individualidade de um palhaço verdadeiro que cria sua própria caracterização.

A INSTRUÇÃO PARA ATUAR

Uma instrução:
Deixa: quieto..............................ouça-me!
Fala: Está bem, se você sente isso.
Deixa: Sai..Sai!
Fala: Eu vou, mas não me espere de volta!
(Sai)

Na primeira deixa e fala, "quieto" é a deixa de ação, e "ouça-me" (que vem algumas palavras mais tarde) é a deixa de texto.

Na segunda deixa e fala, o primeiro "Sai" é a deixa de ação, e o segundo é a deixa de texto. A ação interior (resposta corporal) inicia na deixa de ação, e o ator está pronto para ação e resposta ao ouvir a deixa de texto.

Agora o elenco está formado e pronto para ensaiar. E os textos? Alguns diretores usam o texto completo; outros usam "instruções", que consistem de uma ou duas palavras de deixa e a subsequente fala do ator. A instrução pode ser criativamente estimulante, fortalece a percepção do tempo e, por isso, é preferida.

Ela deve ser datilografada com a folha na vertical para uma fácil manipulação. A colocação da "deixa de ação" junto com a "deixa de texto" eliminará em parte o problema da demora em pegar as deixas. A "deixa de ação" é a palavra ou a combinação de palavras que coloca o próximo ator em movimento.

Se a "deixa de ação" não estiver clara para os atores, deve-se dar uma explicação no momento em que as instruções para atuar forem introduzidas: Nós começamos a responder a uma outra pessoa enquanto ela ainda está falando ou começamos a pensar em nossa resposta após ela ter terminado? "Enquanto ela está falando."

Converse com os atores para apontar o problema: Nós sempre esperamos até que a outra pessoa tenha parado de falar (ação – os atores já estão respondendo) ou às vezes interrompemos a conversa? Alguns já interromperam a pergunta acima, "Nem sempre esperamos".

Assinale como eles foram capazes de antecipar o resultado da discussão. Sugira que observem as pessoas enquanto conversam para determinar quais são as "deixas de ação" e quais as "deixas de texto". Algumas vezes, é claro, as duas deixas serão idênticas (como num grito de socorro).

A instrução para atuar evita que um ator leia as falas dos outros e elimina qualquer movimento de lábios para repetir as falas dos outros. O ator deve ouvir e observar os parceiros a fim de acompanhar a ação e saber quando entra a palavra falada.

Apenas as indicações de palco que levam à ação ou diálogo (entradas, saídas etc.) devem ser incluídas nas instruções para atuar. E melhor evitar muitas das indicações do autor (tais como "fala alegre", "suspira apaixonado", ou "pisca astutamente"). Deixe que as ações físicas e as expressões faciais venham da ação interior do próprio ator e do diálogo em si. Haverá muitas oportunidades no segundo período de ensaios, quando os atores estiverem livres de todas as restrições, para trazer as indicações de palco do autor para obter ação mais detalhada.

2. Oficinas

Se as oficinas devem preceder, suceder, estar intercaladas com os ensaios, ou serem realizadas em dias separados, é uma decisão do diretor. Quais jogos usar depende do que acontece durante o ensaio. Por exemplo, quando fica óbvio que os atores estão lendo suas falas e ignorando as pessoas com as quais estão falando, você tem uma grande variedade de jogos teatrais para jogar: *Caminhadas no espaço*, p. 134-136; *Tocar e Ser Tocado/Ver e Ser Visto*, p. 137; *Blablação: Vender*, p. 76, para citar apenas alguns.

A oficina sugerida abaixo é recomendada para antes ou logo após o primeiro ensaio de mesa. Essa oficina pode levar uma ou duas sessões:

Exposição/Cabo de guerra
Jogo de Bola
Três Mudanças
Espelho
Quem é o Espelho ?
Siga o Seguidor[1]

A seleção de jogos teatrais a serem jogados nas oficinas posteriores dependerá do diretor.

Jogos teatrais não substituem ensaios. Ensaios com o texto e jogos devem andar juntos para alcançar harmonia no desempenho.

---

1. *Sentindo o Eu com o Eu* (p. 43) e *Quem Iniciou o Movimento* (p. 47) são bons jogos de aquecimento.

OLHAR E NÃO CONTEMPLAR

Atores que contemplam mas não veem privam-se de experienciar diretamente o seu ambiente e de estabelecer relações com a realidade do palco.

O ator não deve apenas olhar, mas ver. A contemplação é uma cortina diante dos olhos com efeito semelhante ao de olhos fechados. É isolamento.

A contemplação é facilmente detectada observando algumas características físicas: um ar vazio nos olhos e uma rigidez no corpo. O jogo *Blablação* mostrará rapidamente em que grau isto acontece.

Quando os atores veem, mesmo que momentaneamente, observe como o rosto e o corpo se tornam flexíveis e mais naturais na medida em que a tensão muscular e o medo do contato desaparecem. Quando um jogador vê o outro, o resultado é o contato direto, sem maneirismo. O reconhecimento de um parceiro de jogo permite ao jogador perceber a si mesmo de súbito.

Exposição

Objetivo: Manter os jogadores alertas, trabalhando no momento presente.

Foco: Nenhum para a parte 1 do jogo. Na parte 2, o foco está em fazer alguma coisa especificada pelo diretor.

Descrição: Divida o grupo em dois. Time 1 permanece em pé, em linha reta, olhando para a plateia que permanece sentada (Time 2).

Parte 1: O Time 1 deve permanecer em pé sem fazer nada.

Parte 1: **Não façam nada! Nós vamos olhar para vocês! Isso é tudo!**
(Não chame os jogadores individualmente [pelos nomes] fale com todos os jogadores.)
Vocês não fazem nada. Nós olhamos para vocês.

Parte 2: **Contém todas as cadeiras da sala. Vocês estão fazendo a coisa mais importante da sua vida. Continuem contando! Contem novamente!**

Parte 2: Quando os jogadores do Time 1 mostrarem sinais de desconforto, o diretor dá uma tarefa para ser feita, tal como contar o número de tábuas do assoalho, ou de tacos no chão, ou então as cadeiras no recinto. Os jogadores devem ser orientados para continuar contando até que os sinais de desconforto desapareçam e os jogadores demonstrem alívio e relaxamento corporal. Quando os sinais de desconforto tiverem desaparecido, inverta os times.

Notas: 1. O objetivo é manter os jogadores em pé, desfocados. Permaneça na Parte 1 do jogo até que todos os jogadores que estão em pé estejam visivelmente desconfortáveis. Alguns jogadores irão rir e ficar mudando de posição de pé para pé; outros irão simplesmente congelar ou tentar aparentar indiferença.

2. Se os membros do time na plateia começarem a rir, ignore o riso e enfatize a orientação, *"Nós olharemos para vocês!"*

3. Não faça nenhuma avaliação do jogo até que os dois times tenham jogado em ambos os lados.

4. Deixe que cada jogador experimente de maneira pessoal e orgânica a descoberta do poder do foco, do algo-para-fazer. "O desconforto corporal desapareceu." Por quê?
"Porque eu tinha alguma coisa para fazer".

Como você se sentiu quando estava sem fazer nada?
(Não permita descrições de emoções: "Eu me senti autoconsciente". Pergunte: "Eu não sei o que você quer dizer com autoconsciente. Como você sentiu o seu joelho? E o seu pescoço?")
Plateia, como os jogadores pareciam quando estavam sem fazer nada?

Cabo de Guerra

Objetivo: Despertar a comunicação invisível entre os jogadores.
Foco: Manter a corda no espaço como um elo de ligação entre os jogadores.
Descrição: Um time por vez, cada jogador tenta puxar o outro fazendo-o atravessar a linha do centro, exatamente como no jogo do cabo de guerra. Aqui, contudo, a corda não é visível, mas feita de substância do espaço. Peça aos jogadores *para escolher um parceiro de força igual!* Essa mensagem à psique do indivíduo é recebida com riso. Ela cria reciprocidade – um laço – disputa, não competição. Enquanto um time joga os outros observam.
Notas: 1. Leia as notas sobre *Substância do Espaço*, p. 94.

2. Jogue o jogo da corda ou da bola no espaço com seu grupo até que o fenômeno do objeto no espaço (e não na cabeça) seja experimentado e compreendido por todos.

Veja a corda no espaço! Tire da cabeça!
Veja essa corda que está entre vocês!
Use o corpo todo para puxar!
As costas! Os pés!
Veja a mesma corda!
Puxem! Puxem! Puxem!

Plateia, os jogadores viram a mesma corda?
A corda uniu os jogadores?
A corda estava no espaço ou na cabeça dos jogadores?

Jogadores, a corda estava no espaço ou em suas cabeças?
Os jogadores concordam com a plateia?
A plateia concorda com os jogadores?

3. Na medida em que o seu grupo se torna ágil neste jogo em duplas, vá acrescentando mais jogadores de ambos os lados, isto é, em ambas as pontas da corda.

Três Mudanças

Objetivo: Melhorar o poder de observação dos jogadores.
Foco: No outro jogador para ver onde foram feitas mudanças.
Descrição: Divida o grupo em times de dois. Todos os times jogam simultaneamente. Os parceiros se observam cuidadosamente, notando o vestido, o cabelo, os acessórios etc. Então, eles viram de costas um para o outro e cada um faz três mudanças na sua aparência física: eles dividem o cabelo, desamarram o laço do sapato, mudam o relógio de lado etc. Quando estiverem prontos, os parceiros voltam a se olhar e cada um tenta identificar quais mudanças o outro fez.
Notas: 1. Este jogo pode ser jogado com grande excitação por algum tempo quando há troca de parceiros e ao serem pedidas até quatro ou mais mudanças.
2. Troque os parceiros seguidamente e peça cinco, seis, sete e até mesmo oito mudanças, orientando-os para que observem também as costas dos parceiros.
3. Este jogo leva diretamente ao *Espelho*, p. 38.

Jogo de Bola

A bola está se movendo muuuuito, muuuuuuito lentamente!
Pegue a bola em câmara muito lenta!
Agora a bola se move normalmente!

Objetivo: Focalizar a atenção dos jogadores no objeto no espaço.
Foco: Manter a bola no espaço e não na cabeça.
Descrição: Divida o grupo em dois grandes times. Um time é a plateia. Depois inverta as posições. Se estiver trabalhando individualmente dentro de cada time, cada jogador começa a jogar a bola contra uma parede. As

bolas são todas imaginárias, feitas de substância do espaço. Quando os jogadores estiverem todos em movimento, o diretor deverá mudar a velocidade com a qual as bolas são jogadas.

Notas: 1. Leia as notas sobre o jogo *Substância do Espaço*, p. 94.

2. O jogador sabe quando a bola está no espaço ou na sua cabeça. Quando ela está no espaço ela "aparece" tanto para o jogador como para a plateia.

3. A pergunta "A bola estava no espaço ou nas suas cabeças?", feita para os jogadores da plateia, é importante porque ela coloca a responsabilidade da plateia para observar a realidade do objeto no espaço. A plateia é tão responsável por manter o foco quanto o time que está jogando.

4. Após a avaliação do primeiro time, faça o próximo time jogar. O primeiro time se beneficiou da avaliação do primeiro time?

5. Enfatize o uso do corpo todo para manter a bola em movimento. Os jogadores devem terminar o jogo com todos os efeitos físicos de um jogo de bola.

6. As palavras usadas pelo diretor na apresentação deste jogo devem ser cuidadosamente escolhidas. Não se deve pedir que os jogadores façam de conta, que imaginem, ou que tornem a bola real. Os jogadores são simplesmente orientados a manter a bola no espaço e não em suas cabeças.

Variações: 1. Jogue o mesmo jogo com uma bola de substância do espaço que muda de peso. A medida em que a bola fica mais leve ou mais pesada, os corpos dos jogadores parecerão mais leves ou mais pesados. Ou peça para os jogadores movimentar-se em câmera lenta. Não chame a atenção dos jogadores sobre isso durante o jogo.

2. Jogue outros jogos – bola atrás, voleibol, basquetebol, com bolas de substância do espaço.

Use o corpo todo para jogar a bola!
Mantenha o seu olho na bola!
Agora muito rápido!
Jogue e pegue a bola o mais rápido que você puder!
Pra trás e pra frente tão rápido quanto puder!
Normal de novo.
Veja o caminho que a bola percorre no espaço!

Jogadores, a bola estava no espaço ou em suas cabeças?
Plateia, vocês concordam com os jogadores?
A bola estava nas suas cabeças ou no espaço?
Jogadores, vocês viram o caminho que a bola percorreu no espaço? Plateia, vocês concordam?

Variante 1: **A bola está ficando leve!**
Cem vezes mais leve!
Agora está ficando pesada!
Use o corpo todo para jogar a bola!
Mantenha os olhos na bola!

Espelho

B inicia!
A espelha!
Movimentos grandes, com o corpo todo!
Espelhe só o que você vê! Não o que acha que vê!
Mantenham o espelho entre vocês!
Espelhe tudo – da cabeça ao dedão do pé!
Mudem!
Agora A inicia e B é o espelho!
Saiba quando inicia!
Saiba quando é o espelho!
Mudança!... Mudança!...

Há uma diferença entre espelho e imitação?
Você sabe quando era você que iniciava?
Quando era espelho?

Objetivo: Auxiliar os jogadores a ver com o corpo todo; a refletir, não imitar o outro.
Foco: refletir perfeitamente o gerador dos movimentos.
Descrição: Divida o grupo em times de dois. Um jogador fica sendo A, o outro B. Todos os times jogam simultaneamente. A fica de frente para B. A reflete todos os movimentos iniciados por B, dos pés à cabeça, incluindo expressões faciais. Após algum tempo inverta as posições de maneira que B reflita A.
Notas: 1. Cuidado com as suposições. Por exemplo, se B faz um movimento conhecido, o jogador A antecipa e assume o próximo movimento, ou ele fica com B e o reflete?

2. Observe o espelho verdadeiro. Se B usar a mão direita, A usa a mão direita ou a esquerda? Não chame a atenção dos jogadores para esse fato de maneira cerebral. O jogo *Quem é o espelho?* (a seguir) trará uma compreensão mais orgânica do que seja o espelho.

3. A mudança do gerador dos movimentos (A para B, e B para A) deve ser feita sem parar o fluxo de movimentos entre os jogadores.

Quem é o Espelho?

Objetivo: Preparar para *Siga o Seguidor*.
Foco: Esconder da plateia qual jogador é o espelho.
Descrição: Times de dois. Antes de começar, os jogadores decidem entre si quem será o gerador e quem será o espelho. Este jogo é realizado da mesma forma que o jogo anterior, exceto que o diretor não dá a ordem *Troca!* Um jogador inicia os movimentos, o outro reflete, e ambos tentam ocultar quem é o espelho. Quando os dois jogadores estiverem fazendo movimentos, o diretor diz o nome de um deles. Os que estiverem na plateia levantam o braço se o jogador mencionado pelo dire-

tor parecer ser o espelho. Depois o diretor deve mencionar o outro jogador para que a plateia levante o braço, caso ele aparente ser o espelho. Os dois continuam jogando enquanto a plateia vota, até que se obtenha uma unanimidade ou um embate nos votos da plateia.

SIGA O SEGUIDOR

Objetivo: Levar a uma fluência de movimentos de mudanças, através do espelho.
Foco: Seguir o seguidor.
Descrição: Times de dois. Um jogador é o espelho, o outro o gerador. O diretor inicia o jogo de espelho normal e então diz *Troca!* para que os jogadores invertam as posições. Essa ordem é dada a intervalos. Quando os jogadores estiverem iniciando e refletindo com movimentos corporais amplos, o diretor dá a instrução "*Os dois espelham! Os dois iniciam!*" Os jogadores então espelham um ao outro sem iniciar.
Notas: 1. Peça para os dois jogadores espelharem e iniciarem apenas quando estiverem fazendo movimentos corporais amplos.

2. É enganoso – os jogadores não devem iniciar, mas sim seguir o iniciador. Ambos são iniciadores e espelhos ao mesmo tempo. Os jogadores espelham a si mesmos sendo espelhados.

3. Seguir o seguidor acalma a mente e libera o jogador para entrar num tempo, num espaço, num momento sem lugar para atitudes, pensamentos ou questionamentos. Os jogadores percebem que estão entrelaçados numa área não física, não verbal, não psicológica, não analítica e não julgadora de seu eu interior. Livres.

(Para a plateia):
Quem é o espelho?

Espelhe!
Saiba quando inicia!
Espelhe só o que você vê, não o que pensa que vê!
Mudem!

(O diretor entra no campo de jogo para verificar.)

Intensifiquem os movimentos do corpo todo!
Os dois refletem! Os dois iniciam!
Siga o seguidor!

(Durante o jogo a um jogador que se move):
Você iniciou este movimento?
Ou você espelhou o que viu?
Plateia, vocês concordam com o jogador?

3. O Primeiro Período de Ensaio

SUGESTÕES

Algumas vezes surge um grande medo nos primeiros ensaios quando você errou na escolha do elenco. Se isso realmente aconteceu, você deve convocar outro elenco rapidamente, pois a sua atitude afetará a todos.

Sem dizer ao elenco, selecione dois atores com barômetro: um cuja resposta seja alta e outro cuja resposta seja baixa. Desta maneira você sempre saberá se está dando demais ou de menos nos ensaios.

Mais algumas sugestões:

1. Não permita que os atores fiquem de olho grudado ao texto quando os outros estiverem lendo. Procure observar isto mesmo nas leituras de mesa. Use o jogo *Conversas Não Relacionadas*, p. 129, para lembrar aos atores que eles devem ver e ouvir os outros.
2. Evite os hábitos de leitura artificial desde o primeiro momento. Jogue *Blablação*, p. 76, para combater a artificialidade.
3. Torne as tomadas de deixa naturais, fazendo os atores trabalharem com deixas de ação. Não lide com este problema mecanicamente. Se for necessário trabalhar com deixas de texto, espere até a última parte do se-

Você precisa acreditar no seu elenco.

Marcação prematura mata a frágil intuição nascente.

Não apoquente os atores.

Primeira leitura:
1. *Diretor lê o texto (opcional).*
2. *Os papéis são distribuídos.*
3. *Todos leem suas falas em voz alta. Limpe a pronúncia e corrija os erros tipográficos com instruções. Não tenha medo de dar instruções durante a leitura.*
4. *Vogais e Consoantes, p. 44.*
5. *Soletrando, p. 44.*
6. *Câmera Lenta, p. 45.*
7. *Diálogo Cantado, p. 45.*
8. *Segunda leitura corrida, sem interrupções.*

gundo período de ensaios ou até a parte inicial do terceiro período de ensaios.

4. Evite estabelecer personagem, falas, ações ou marcações cedo demais. Tudo o que se necessita é uma ideia geral.
5. Os detalhes não são importantes no primeiro período. Uma vez estabelecidos os personagens e os relacionamentos, será mais fácil chegar aos detalhes. Primeiro deve ser encontrada a vida de cada cena dentro da peça.

A PRIMEIRA LEITURA

Como aquecimento para a primeira leitura da mesa, jogue o jogo *Sentindo o Eu com o Eu*, p. 43. Então, usando os textos, sente com os atores em círculo ou num grupo dentro do qual todos possam se ver.

Faça o elenco ler o primeiro ato, parando em problemas de pronúncia, erros, gráficos, e (se o texto for inédito) para eventuais mudanças.

A seguir jogue o jogo *Vogais e Consoantes* e *Soletrando*, p. 44. Após o jogo *Soletrando* leia algumas cenas do texto, soletrando as palavras. Apresente então os jogos *Câmera Lenta*, p. 45 e *Diálogo Cantado*, p. 45. Continue a apresentar esta série até que os atores estejam livres das palavras, as quais devem estar isentas de significados pessoais e estejam falando uns com os outros. Isto pode durar de uma hora até três ou mais sessões.

Após duas ou três leituras de mesa usando os jogos acima, o grupo deve estar relaxado, familiarizado com o texto e trabalhando num clima agradável. Quando os elementos do grupo percebem que decorar falas, interpretar o texto, desenvolver personagens etc. não são exigidos neste estágio, um grande alívio será evidente no grupo todo. Todos entram no espírito do jogo, livres de tensão¹.

O processo de crescimento começou. Lembre-se, todos crescem em ritmos diferentes! O crescimento individual é medido pelo caminho que os jogadores percorreram desde o ponto de partida.

Sentindo o Eu com o Eu

Objetivo: Percepção corporal total do eu.
Foco: Sentir o eu com a parte do corpo indicada.
Descrição: Os jogadores sentam-se silenciosamente e simplesmente respondem.
Notas: 1. *Sentindo o Eu com o Eu* pode ser usado sozinho ou com *Caminhadas no Espaço*, p. 134-136.
    2. Dê a instrução *Fique de olhos abertos!* se necessário. Este exercício deve trazer jogadores e diretor para dentro do ambiente. Os olhos fechados podem representar uma retração para dentro da cabeça.
    3. Este jogo intensifica a consciência do corpo físico do jogador. *Saia da cabeça!*
    4. Ele traz os jogadores para os seus próprios corpos (eles mesmos) e para dentro do espaço de jogo.
    5. Este jogo é excelente como uma ponte entre a rua e o local de ensaio.

Você está mostrando ansiedade?

Sinta os pés nas meias!
Sinta as meias nos pés!
Sinta os pés nos sapatos!
Sinta os sapatos nos pés!
Sinta as meias nas pernas!
Sinta as pernas nas meias!
Sinta a calça ou a saia nas pernas!
Sinta as pernas nas calças!
Sinta a roupa de baixo perto do seu corpo!
Sinta o seu corpo perto da roupa de baixo!
Sinta a blusa ou camisa com o seu peito e sinta o seu peito dentro da blusa ou camisa!
Sinta o anel no dedo!
Sinta o dedo no anel!
Sinta o cabelo na cabeça e as sobrancelhas na testa!
Sinta a língua na boca!
Sinta as orelhas!
Vá para dentro e tente sentir o que está dentro da cabeça com a cabeça!
Sinta o espaço à sua volta!
Agora deixe que o espaço sinta você!

Houve alguma diferença entre sentir o anel no dedo e sentir o dedo no anel?

---

1. Outros excelentes jogos para esta fase são *Conversas Não Relacionadas*, p. 129, e *Som Estendido*, p. 93.

Vogais e Consoantes

Parte 1: **Vogais!**
Entre em contato, sinta, toque as vogais!
Deixe que as vogais toquem você!
Consoantes!
Fale normalmente!
Veja, sinta, foco nas consoantes!

Parte 2: **Afaste-se de seu parceiro! Vogais!... Consoantes!... Fale mais baixo que antes! Afastem-se o mais que puderem!**

Parte 3: **Aproximem-se!**
Falem mais baixo ainda!
Vogais!.., Consoantes!...
Feche os olhos!
Fale mais baixinho ainda!
Voltem para onde estavam no começo!

Objetivo: Familiarizar-se com a estrutura fisiológica da língua, uma pausa do pensamento subjetivo ou interpretação.
Foco: Estabelecer contato com as vogais e consoantes de uma palavra enquanto está sendo dita.
Descrição: Seis ou oito jogadores ficam em círculo ou em duas fileiras. Cada jogador deve começar uma conversa silenciosa com o jogador do lado oposto (oito jogadores significam quatro conversas simultâneas). Os jogadores devem focalizar as vogais ou as consoantes, conforme a instrução, contidas nas palavras que falam, sem colocar ênfase ou mudar o jeito de falar. Mantendo a voz baixa, os jogadores devem afastar-se uns dos outros o quanto o espaço permitir, e depois aproximar-se conforme a instrução.
Notas: 1. Espere até que os jogadores estejam fisiologicamente atentos aos seus parceiros antes de orientá-los para se distanciarem uns dos outros.

2. Os jogadores podem abaixar suas vozes na medida em que se afastam. As conversas podem acontecer na forma de murmúrio e a uma distância de até 20 metros.

3. A instrução *Feche os olhos!* abre os jogadores para o fato de que eles não estão fazendo leitura labial. O corpo todo, dos pés à cabeça, está envolvido com a palavra falada.

4. Faça os jogadores pensarem nas palavras como sons que eles podem moldar ou desenhar em forma de palavra.

Você teve a sensação de fazer contato físico com a palavra falada?
A comunicação foi mantida o tempo todo?
O significado surgiu no espaço, através de vogais e consoantes?

Soletrando

Objetivo: Manter as palavras vazias de significado.
Foco: Comunicar para um outro jogador.

Soletre sensorialmente!
Veja as letras!
Veja as palavras com a boca!

Descrição: Divida o grupo em dois ou três grupos menores. Eles conversam soletrando as palavras.
Notas: 1. Continue o jogo enquanto o entusiasmo persistir e a conversa estiver fluente. O excitamento de uma ligação/relação com os parceiros de jogo aparecerá.
    2. Depois que estiverem familiarizados com o jogo, escolha um pequeno trecho de um texto para ser lido soletrado. Se o grupo achar difícil essa atividade, não a estenda por muito tempo.

Quanto da conversa foi entendida pelos ouvintes?
Aquele que estava soletrando viu as letras?

Câmera Lenta

Objetivo: Colocar todos os jogadores no mesmo lugar.
Foco: Ficar em câmera lenta enquanto lê o texto.
Descrição: Parte 1: Leia o texto em câmera lenta.
    Parte 2: Focalize a câmera lenta enquanto lê o texto em ritmo normal.

O espaço à sua volta está em câmeeeeera leeeeenta!
Você está sentando em câmera lenta!
Falar lentamente não é falar em câmera lenta!
Você sentiu que toda sala estava em câmera lenta?
Os objetos e seus parceiros de jogo estavam presentes?

Diálogo Cantado

Objetivo: Criar um fluxo de som entre os jogadores, fazendo dos jogadores e da plateia um todo.
Foco: Estender o diálogo para um parceiro de jogo cantando.
Descrição: Dois ou mais jogadores. A situação (Onde, Quem, e O Quê) é combinada. Todo o diálogo deve ser cantado. O canto deve ser dirigido ao parceiro de jogo.
Notas: 1. Não são necessárias boas vozes, uma vez que este é um exercício de extensão do som.

Cante suas palavras!
Intensifique o canto!
Cante com o corpo todo!

Os jogadores exploraram todas as direções a que o diálogo cantado podia levar?
Jogadores, vocês concordam?

2. Os jogadores que recitam as palavras dramaticamente (recitativo) devem ser continuamente instruídos para mudar para a melodia.

3. Não imponha estrutura melódica aos jogadores. Se ela surgir, deve ser naturalmente.

4. Cantar permite alongamento das palavras. Cantar também permite repetição.

AQUECIMENTOS

Aquecimentos colocam todos os jogadores no mesmo espaço de trabalho.

Aquecimentos regulares são sempre recomendados antes do ensaio. Os aquecimentos removem quaisquer distrações exteriores que os jogadores possam trazer consigo. Os aquecimentos aquecem! Eles fazem o sangue circular. Os aquecimentos no final de um ensaio com pouca energia, por outro lado, levantam o espírito; eles ajudam a amadurecer a peça e os atores. Os aquecimentos tornam tudo presente para todos. Eles ajudam a superar as diferenças pessoais.

Jogue jogos tradicionais primeiro, especialmente aqueles que requerem ação física como *Pegador com Explosão*, *Coelhinho Sai da Toca* ou *Quem Iniciou o Movimento?*, p. 47. Continue e passe para *Caminhadas no Espaço*, p. 134-136; *Jogo de Bola*, p. 36; *Exposição*, p. 34. *[Sentindo o Eu com o Eu*, p. 43, também é um bom jogo de aquecimento.)

Pegador com Explosão

Fique na área do jogo! Lembre-se da área do jogo (Depois que a energia estiver alta) **Quando for pego, exploda! Enquanto perseguir outro jogador, continue explodindo! Exploda da maneira que quiser!**

Objetivo: Quebrar a armadura protetora dos jogadores.
Foco: Nenhum, pois este é um jogo tradicional.
Descrição: Estabeleça uma área relativamente pequena. Um espaço de 12 x 12 m é o suficiente para quinze jogadores. Metade do grupo joga e metade é plateia. Inicia-se com um jogo de pegador normal dentro desses limites. Os jogadores sorteiam um pegador. Os jo-

gadores não devem sair da área de jogo. Quando o nível de energia estiver alto, o diretor adicionará uma outra regra – o jogador quando for pego, deve tomar o seu tempo para "explodir". Não há uma maneira estabelecida para "explodir".

Notas: 1. Este jogo é um aquecimento natural e leva ao *Câmera Lenta*, p. 45, e, embora você possa ter restrições de tempo e nível de barulho, cada minuto deste jogo é bastante útil.

2. A explosão é uma ação espontânea no momento em que se é pego.

Caia no chão!
Grite!
Exploda!

Coelhinho Sai da Toca

Objetivo: Produzir um momento de crise (momentos de desequilíbrio). Os jogadores devem interagir.
Foco: Evitar tornar-se ou deixar de ser o coelhinho.
Descrição: O grupo todo ocupa lugares previamente marcados na área de jogo – as tocas exceto um jogador que deve ficar no centro. O jogador que permanecer no centro é o coelhinho e, uma vez iniciado o jogo, deverá dizer "Coelhinho sai da toca, 1, 2, 3!" A este comando, todos os outros jogadores devem sair de suas tocas e ocupar uma outra toca qualquer. O jogador que estava no centro deverá também tentar ocupar uma toca. O jogador que ficar fora das tocas é o novo coelhinho.

Quem Iniciou o Movimento?

Objetivo: Ver os outros sub-repticiamente.
Foco: Tentar ocultar do jogador do centro quem inicia o movimento.
Descrição: Os jogadores permanecem em círculo. Um jogador sai da sala enquanto os outros escolhem alguém para ser o líder, que inicia os movimentos. O jogador

(Se o iniciador não estiver trocando de movimento com frequência suficiente):
Iniciador, troque de movimento quando tiver chance!

Jogadores, prestem atenção na mudança, não deixem o iniciador sozinho!

que saiu é chamado de volta, vai para o centro do círculo, e tenta descobrir o iniciador dos movimentos (mexendo as mãos, batendo os pés, balançando a cabeça etc.). O líder pode mudar de movimentos a qualquer momento, mesmo quando o jogador do centro estiver olhando para ele. Quando o jogador do centro descobrir o iniciador, um outro jogador sai da sala e o jogo recomeça.

Notas: 1. Este jogo tradicional é um excelente aquecimento para os jogos de *Espelho*, p. 38, 124, 126-127, pois exige uma cuidadosa observação dos parceiros de jogo.

2. Imediatamente após este jogo, você pode dividir o grupo em dois e jogar *Três Mudanças*, p. 36, que leva aos jogos de *Espelho*.

PRIMEIRO ENSAIO DE PALCO

Indique as portas, as escadas etc. estabelecendo as linhas gerais do cenário. Se você estiver trabalhando com uma peça que utiliza figurino, dê algumas sugestões para os atores sobre o que eles estarão usando, quer seja uma crinolina ou uma gola alta e dura.

Dê instruções durante o primeiro ensaio de palco quando necessário: *Compartilhe o quadro de cena! Compartilhe sua voz! Vogais! Consoantes! Câmera leeenta! Câmera lenta é mais do que se mover lentamente! O ambiente à sua volta está em câmera leenta! Deixe que a sua vista se mova em câmera lenta! Respire em câmera lenta!*

Os atores continuam a ler e a se movimentar pelo palco durante essas instruções. Uma vez que o elenco esteja familiarizado com suas instruções, isto não irá interferir, mas intensificar o que estiver acontecendo no palco. (Observe que todos mantenham o texto em uma mão, deixando a outra livre para a ação. Segurar o texto com as duas mãos é agarrar-se a uma tábua de salvação e reflete um antigo medo infantil.)

Os problemas que começarem a surgir devem determinar os jogos teatrais a serem utilizados na próxima oficina. Mesmo que a sua seleção de jogos seja baseada nas necessidades de um ou dois, todos serão beneficiados.

Na medida em que os ensaios (e as oficinas) continuam, os atores junto com o diretor começam a descobrir inesperada liberdade. A instrução continuada permite a todos ir mais fundo em si mesmos, no texto, nos parceiros.

Na verdade, o diretor intuitivamente e através de *insights* dá orientação. O que é então despertado geralmente soluciona o problema, seja ele de relacionamento, personagem ou emoção. A instrução mantém intacta a integridade do diretor e do ator, permitindo que cada um compartilhe a experiência nova e desenvolva uma ação total a partir da qual o significado da peça é revelado e muitas vezes transcendido.

Mergulhar para dentro de si mesmo equivale a projetar-se no ambiente (ou aprofundar-se em si mesmo, é sair de si).

A assim chamada interpretação começa a emergir nesta abordagem holística da peça, a partir de uma fusão entre diretor, atores e autor.

ONDE (O CENÁRIO)

Onde você está?

É essencial que os atores entrem no cenário (o campo de atuação) e não simplesmente o atravessem[2].

O exemplo ao lado ilustra o uso do jogo do *Onde*. Ele foi dado por Bernard Downs, Professor de Teatro e Interpretação Oral da University of South Florida.

Recentemente me foi pedido para orientar um grupo de atores da comunidade local. Eles estavam visitando escolas com uma seleção de cenas, incluindo o primeiro encontro de Catarina com Petruchio em *A Megera Domada* (Ato 2, Cena 1). Inicialmente, seus espetáculos eram excessivamente controlados, limpos e monótonos. Nós começamos com o "Jogo do Onde" pois eles não tinham localizado a cena, agindo apenas como "duas pessoas conversando". Desenharam eles mesmos uma planta-baixa do cenário selecionando um jardim com uma fonte, um banco, árvore, uma roseira, um

Sugestões de símbolos para a planta-baixa.

2. Veja notas dos Jogos com Espaço, p. 133.

ancinho e uma enxada. Não havia elementos de cena reais exceto uma cadeira que era usada como banco. O ponto de concentração deles (o foco) era usar os objetos imaginários enquanto faziam a cena.

Catarina estava trabalhando no jardim quando Petruchio entrou. Na medida em que a cena progredia, ela tentava evitar que ele a visse, escondendo-se atrás da árvore, utilizando para isso a desculpa de que estava podando alguns galhos. Ele a perseguia, apanhando os galhos. Ela foi para a fonte, jogou água nele quando ele a perseguiu e tentou se proteger com a enxada. Ele pegou o ancinho e começaram um duelo, terminando com um pacífico oferecimento de uma rosa. Sentada no banco, ela aceitou a rosa, cheirou-a e empurrou Petruchio derrubando-o sobre a espinhosa roseira. Pela primeira vez, o mundo físico à sua volta tornou-se vibrante e vivo.

Catarina e Petruchio jogaram. Assim como muitos dos jogos neste capítulo, os jogos do *Onde* visam fazer aparecer a realidade física da cena.

Jogo do Onde nº 1

Consulte a planta-baixa!
Fora da cabeça – no espaço!

Objetivo: Tornar visível o invisível.
Foco: Mostrar onde você está através do contato físico com todos os objetos desenhados na planta-baixa. (Os únicos objetos físicos realmente necessários no palco são cadeiras. Os outros objetos são simplesmente representados por riscos de giz numa lousa ou num pedaço de papel que deve ser colocado no palco.) Em outras palavras, cada jogador deve, de alguma forma, manipular ou tocar tudo o que foi desenhado no quadro, compartilhando com a plateia a sua visibilidade. Para mostrar o Onde, use uma cena da própria peça.

Descrição: Dois jogadores. Cada time de dois recebe um quadro e um giz (ou papel e lápis). Eles então combinam um lugar (Onde) e desenham uma planta-baixa. (Se o time escolher uma sala de estar eles irão desenhar o sofá, cadeiras, mesinha, cinzeiros, lareira etc.) Estimule cada jogador a contribuir com itens, usando símbolos de planta-baixa padronizados. (Veja as ilustrações abaixo.)

Notas: 1. A planta-baixa deve estar de frente para o palco, de forma que os jogadores possam vê-la.

2. Os jogadores não devem memorizar nenhum dos itens mas sim consultar a planta-baixa sempre que necessário durante o exercício. Este é um passo decisivo para livrar os jogadores da memorização e dará um grande sentimento de alívio se for enfatizado. Este é também um outro passo no sentido de ajudar os jogadores a relaxar a tensão cerebral.

3. Sempre que possível, deixe que os próprios membros do elenco descubram as variações.

Os jogadores mantiveram o foco?
Os objetos poderiam ser usados de uma maneira menos corriqueira?
Usar as mãos é a única maneira de manipular objetos?
(Pode-se trombar em objetos, apoiar-se neles etc.
Narizes podem ser encostados numa vidraça tão facilmente como as mãos podem abri-las.)

Os jogadores compartilharam com a plateia?

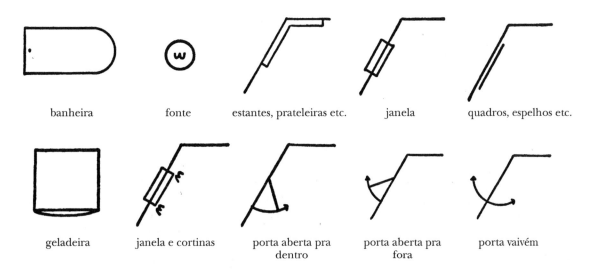

Mais sugestões de símbolos para a planta-baixa.

**Câmera lenta!
Mantenha o foco no Onde!
Relacione-se com os outros jogadores!**

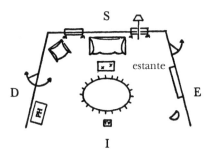

Disposição do palco

**Compartilhe com a plateia!
Mostre, não conte!
Cada jogador deve entrar em contato com todos os objetos da planta-baixa!
Consulte a planta se precisar!
Mantenha os objetos no espaço e não na sua cabeça!
Consulte sua planta-baixa!**

Jogo do Onde nº 2

Objetivo: Mostrar aos jogadores como um lugar pode ser definido pelas pessoas que o ocupam e pelo que elas estão fazendo.

Foco: Mostrar o Onde.

Descrição: Dois times. Um jogador vai para o palco e mostra o Onde através da utilização física de objetos. O primeiro jogador que compreender o Onde proposto, assume um Quem, entra no Onde, e desenvolve um relacionamento (papel) com o Onde e com o outro jogador. Os outros jogadores juntam-se a eles cora personagens relacionados (Quem) dentro do Onde proposto e da atividade geral (O Quê).

Exemplo: O jogador vai para o palco e mostra para a plateia uma série de prateleiras de livros. Um segundo jogador entra e coloca-se atrás de um balcão. Ele começa a carimbar fichas que tira de dentro dos livros. Um terceiro jogador entra, empurra um carrinho com livros até uma estante e começa a colocar livros nas prateleiras. Outros jogadores entram dentro do Onde (biblioteca).

Notas: Outros ambientes para *o Jogo do Onde nº 2*: estação de trem, supermercado, aeroporto, sala de espera de hospital, cena de rua, praia, sala de aula, galeria de arte, restaurante etc.

Jogo do Onde nº 3

Objetivo: Verificar se os atores fiscalizam o ambiente, tornar visível o invisível.

Foco: Mostrar para a plateia o Onde, Quem, e O Quê através do uso e/ou contato com todos os objetos no Onde.

Descrição: Divida em times de dois ou de quatro. Cada time combina um Onde, Quem e O Quê e faz um esboço da planta-baixa do Onde. Cada jogador (consultando a planta-baixa) deve estabelecer contato com cada objeto. Os jogadores devem colocar cadeiras de verdade, se necessário. Fixar a planta-baixa numa parede, para facilitar a consulta.

Exemplo: Onde – cozinha, Quem – família, O Quê – tomando café da manhã. A planta-baixa inclui geladeira, mesa, pia etc.

Notas: 1. Compare o que a plateia viu durante o jogo com a planta-baixa.

2. Oriente os jogadores para não planejarem como usar cada objeto, uma vez que o planejamento prévio tira toda a espontaneidade do jogo.

3. Muitos outros jogos são úteis para tornar o espaço visível. Veja. *Jogo de Bola*, p. 36, *Cabo de Guerra*, p. 35. Os outros jogos do *Onde* podem ser úteis em estágios iniciais dos ensaios quando o cenário ainda não está pronto para ser usado pelos atores.

Os jogadores usaram todos os objetos da planta-baixa?
Plateia, quais objetos os jogadores nos mostraram?
Jogadores, comparem o que a plateia viu com a planta-baixa! Os jogadores mostraram Onde, Quem e O Quê?
Ou eles contaram? Os objetos estavam no espaço ou na cabeça dos jogadores?
Jogadores, vocês atravessaram as mesas?
Os jogadores integraram o uso dos objetos com o Onde, Quem e O Quê?

DAR E TOMAR

Os jogos de *Dar e Tomar* são muito úteis no início dos ensaios. Eles são exercícios de ouvir e escutar.

Os atores devem ouvir seus parceiros de jogo e escutar tudo o que eles dizem. Um ator deve olhar e ver tudo o que está acontecendo. Esta é a única maneira através da qual os jogadores podem jogar juntos. Se os atores forem capazes de ver e ouvir através da personagem o seu parceiro de jogo, seu trabalho será livre de representação.

Atores que veem o outro e ouvem, em vez de mover os lábios, ou ler subvocalmente as falas do outro, decoradas junto com as suas, ficarão libertos de fazer poses.

Dar e Tomar deixa o quadro limpo.

TOMAR E DAR

Objetivo: Intensificar a comunicação direta entre os jogadores.

Pedro está tomando!
Marco está tomando!
_____ está tomando!
Os outros dão!

Foco: Tomar.
Descrição: Quando através da instrução um jogador passa a tomar o palco todo é alertado. Todos os outros devem *Dar!* Frequentemente um dos jogadores não reconhece que ele ou ela está tomando. Tomar pode ser o mais simples movimento ou o som mais suave! A instrução torna os jogadores cientes disso.
Nota: Usado frequentemente durante os ensaios, *Dar e Tomar* produz um estado de excitamento no palco todo, tanto para os jogadores como para a plateia.

Dar e Tomar (Aquecimento)

Objetivo: Ajudar os jogadores a relacionarem-se uns com os outros.
Foco: Ver e ouvir.
Descrição: Os jogadores formam um círculo. Qualquer jogador pode iniciar um movimento. Se algum jogador estiver se movendo, todos os outros jogadores devem sustentar (ficar sem fazer movimento). Qualquer jogador pode fazer um movimento a qualquer momento, mas deve sustentar, caso outro jogador inicie outro movimento. Os sons podem ser considerados movimentos.
Nota: A instrução *Sustente!* deve ser usada no lugar de *Congele!* Congelar significa parada total. Sustentar significa esperar para se mover tão logo seja possível.

Sustente seu movimento!
Tomar!
Mantenha a fluência do seu movimento!
Sustente enquanto um outro jogador se move!
Tomar!
Dar!

Dar e Tomar

Objetivo: Entrar num estado de acordo não verbal com o parceiro, enquanto em prontidão para atuar com o outro time.
Foco: Ouvir/escutar junto com o parceiro de jogo para saber quando dar e quando tomar.

Parte 1: Mesa 1! Mesa 2 fixa difusa! Mantenham o relacionamento enquanto ficam difusos! Não congelem!

Descrição: (Duas mesas, com duas cadeiras cada uma, são muito úteis para este exercício.) Divida o grupo em times de quatro. Cada time de quatro subdivide-se em times de dois. Cada subtime (cada um sentado em uma mesa) mantém uma conversa em separado. Durante a conversa cada subtime deve ouvir o outro de modo a saber quando dar é quando tomar.

Parte 1: O diretor anuncia *Mesa 1* e *Mesa 2* até que o jogo se torne claro para ambos os subtimes. Os dois subtimes devem iniciar suas conversas ao mesmo tempo. Quando a Mesa 1 for anunciada, o subtime 1 fica difuso. Ficar difuso não é congelar. Os jogadores que estiverem na mesa fora de foco sustentam a ação, o relacionamento e a conversa silenciosamente em não movimento, mas permanecem preparados para continuar ativamente quando chegar o momento de tomarem o foco novamente.

Parte 2: Quando o ato de passar o foco para o outro time estiver compreendido, pede-se aos jogadores para continuarem suas conversas, dando e tomando o foco sem serem instruídos.

Parte 3: Continuando dessa maneira, os dois subtimes tentam tomar o foco do outro. O subtime que mantiver a atenção da plateia terá tomado o foco. Parte 4: Os dois subtimes dão e tomam o foco sem qualquer instrução.

Notas: 1. Os jogadores dos dois subtimes aprendem a dar e tomar como se fossem um só grupo. Isto desenvolve habilidades de enviar e receber num nível não verbal.

2. Use a instrução *Dar e Tomar!* em qualquer jogo, sempre que os jogadores se movimentarem e falarem todos ao mesmo tempo, sem ouvirem uns aos outros.

3. Veja *Duas Cenas*, p. 144-147, no livro *Improvisação para o Teatro*, no qual está a descrição original do exercício.

Sinta relaxamento no não movimento!
Mesa 2! Mesa 1 fica difusa!

Parte 2: **Dê! Jogue o jogo! Joguem como uma unidade!**

Parte 3: **Tomar! Tomar!** (Até que o foco mude para tomar. A plateia saberá quando o foco for mudar.)

Parte 4: **Por sua conta agora! Dar e tomar! Perceba quando dar! Perceba quando tomar! Jogue o jogo!**

Subtime A, vocês tiveram problemas para saber quando seus parceiros queriam dar?
Plateia, vocês poderiam dizer quando um dos membros do subtime não queria dar e o outro queria? Jogadores, vocês tomaram o foco na parte 4 antes que o outro time tivesse dado?
Outro time, vocês concordam? Plateia, vocês concordam?

Dar e Tomar!
Quando um time toma o outro dá!
Convergir!
Todos os times convergem!
Redividir! Novos subtimes!
Dar e tomar!
Convergir!

Quando o sublime A estava em foco, B e C usaram meios interessantes de ficarem difusos?

Os jogadores interagiram ao convergir e redividir com os outros acontecimentos de cena?

Os jogadores deram e tomaram de maneira a enriquecer o acontecimento da cena?

Convergir e Redividir

Objetivo: Ajudar os jogadores a ficar conscientes do foco.

Foco: Dar e tomar dos parceiros de jogo.

Descrição: Times de quatro, seis ou oito combinam Onde, Quem e O Quê. Então dividem-se em subtimes de dois, os quais entrarão num nível de relacionamento imediato.

Exemplo: Onde = uma festa; Quem = convidados; O Quê = comendo, bebendo etc. Durante o jogo, os subtimes dão e tomam o foco como no jogo *Dar e Tomar*. De tempos em tempos o diretor dá a instrução *Convergir!* e todos os jogadores aproximam-se e se encontram uma ação comum, por exemplo, pegar comida de uma mesa. Quando o diretor der a instrução *Redividir!* Os subtimes devem se dividir e os jogadores continuam com novos parceiros, novamente usando a técnica de dar e tomar. O diretor deve dar as instruções *Convergir!* e *Redividir!* até que os jogadores voltem aos subtimes iniciais.

Notas: 1. Quando for dada a instrução *Convergir!*, deve resultar uma alteração do grupo todo. É então que a nova subdivisão ocorre.

2. Para acelerar a compreensão, é recomendado que se leia para todos os times o exemplo acima de Onde, Quem e O Quê. Todos os jogadores simplesmente convergem para a mesa de refrigerantes que está no Onde e se redividem pelo ambiente. Faça todos os times usarem o mesmo Onde.

3. Quando os jogadores não dão e tomam, isto significa que estão acontecendo duas cenas simultaneamente. Quando isto acontecer, durante os ensaios, dê a instrução *Duas cenas! paia* conscientizar os jogadores.

4. Veja também os jogos de *Espelho* e *Siga o Seguidor* nas páginas 38-39 e 126-127.

ATIVIDADE DE CENA (MARCAÇÃO)

A marcação é essencialmente a coreografia da atividade de cena. Simples como parece, a movimentação dos atores durante uma peça pode frequentemente ser perigosa. Você sozinho não determina exatamente onde os atores ficam no palco ou como eles entram ou saem.

A marcação deve facilitar a atividade, enfatizar e intensificar a preocupação e a ação, fortalecer os relacionamentos e sublinhar os conflitos. Marcação é a integração do quadro de cena, uma composição em movimento.

Se o ator for constantemente dirigido para os mecanismos da atividade de cena, e não entender que a atividade de cena emerge do envolvimento e da inter-relação, ele poderá no máximo lembrar das convenções e será, portanto, incapaz de se movimentar com naturalidade.

Para provar essa teoria, foi feito o seguinte experimento com atores com pouca ou nenhuma experiência em teatro e com o mínimo de treinamento em oficinas. Eles tinham que fazer duas cenas diferentes.

Para a primeira cena, os atores receberam os textos completos, os quais continham as falas de todos os personagens e todas as rubricas do autor referentes à atividade de cena e marcação. Durante o primeiro ensaio, eles foram interrompidos várias vezes pelo diretor para fazer marcação. Depois disso, eles tiveram que levar seus textos para casa e memorizar suas falas.

Para a segunda cena, os mesmos atores receberam apenas as instruções para atuar. As deixas de ação de texto dos outros atores era tudo o que eles tinham para trabalhar. Não havia quaisquer indicações para o trabalho de palco. Durante o primeiro ensaio eles receberam as instruções. *Compartilhe o quadro de cena!* As falas não foram levadas para casa para serem memorizadas.

No ensaio seguinte, a diferença foi notável. Durante a primeira cena montada com rigidez a partir do exterior, os atores nem enxergavam o palco, nem ouviram seus

Embora seja às vezes necessário dar uma direção de cena para o ator, ela deve ser traduzida em uma experiência integrada.

Ou seja, a marcação deve ser uma resposta orgânica à vida do palco. O diálogo que se segue foi travado com um jogador de dez anos de idade:
Por que você andou até o fundo do palco?
"Porque você mandou."
Isso não é mecânico.
"Sim."
Por que você acha que foi instruído para ir ao fundo do palco?
"Eu fui para o Tom entrar."
Por que não podia ficar esperando por ele onde você estava?
"Eu não era parte da cena que acontecia nessa hora. Eu tinha que ficar fora da cena, mas não podia sair do palco."
O que você pode fazer, ficando onde está, fora de cena, e continuando como parte do quadro de cena?
"Eu vou colocar meu foco em ouvir o Tom entrar."

parceiros, e lutavam para lembrar as deixas, as falas e as indicações para o trabalho de palco. Eles estavam se concentrando em lembrar, e o medo de não desempenhar bem produziu tensões físicas. Seus corpos não se movimentavam com liberdade. A atividade de cena desses atores não experientes realizada sob condições impostas só pode ser rígida e desengonçada – o que geralmente chamamos amadorismo.

A segunda cena, contudo, embora fosse mais complicada não perturbou os atores. Concentrados uns nos outros e sem nada para memorizar, eles sentiram-se livres para solucionar os problemas que apareceram ou que foram colocados pelo diretor. Não houve interpretação*, houve apenas o compartilhar da cena com a plateia.

Atores com muitos meses de treinamento em oficinas irão traduzir para ação de palco quaisquer indicações dadas pelo autor ou diretor. Porém, o ator inexperiente, dirigido com rigidez, tendo os movimentos determinados por outra pessoa, não pode descobrir pessoalmente as atividades de cena (marcação) necessárias. O medo e as tensões que fizeram parte dos primeiros ensaios e de todas as apresentações subsequentes são memorizadas junto com as falas e as indicações de palco e tornam-se parte daquilo que mantém o ator no passado (memorização) ao invés do presente (processo).

O diretor que envolve os atores com marcações e inflexões impostas a ponto de estes não poderem mais caminhar e falar, é o mesmo diretor que coloca o peso da burrice ou da falta de talento nos atores quando estes não conseguem funcionar sozinhos. Pode-se lamentar a falta de habilidade dos atores para soltar os nós que os prendem, mas foi o diretor, na realidade, quem os atou.

Jogadores rígidos são, muitas vezes, resultado de um diretor rígido.

---

* Interpretação é diferente de desempenho. (N. da T.)

LINHAS DE VISÃO PARA UM PALCO OBJETIVO

É essencial enfatizar o laço visual entre o ator e a plateia. É necessário adquirir um vocabulário de posições no palco.

Faça os atores ficarem em lugares específicos no palco: *Centro baixo! Esquerda alta! Direita alta! Centro alto! Centro! Direita baixa!* Mostre a linha de visão entre o ator no palco e um membro da plateia.

Para aumentar a consciência de perspectiva, faça os atores colocarem suas mãos alguns centímetros à frente do rosto e deixe claro que, embora maiores os objetos quase desaparecem da visão.

QUADRO DE CENA

O jogo *Quadro de Cena* deve ser empregado no início dos primeiros ensaios, como aquecimento. Muitos momentos interessantes ocorrem no palco quando os jogadores, na tentativa de compartilhar o quadro de cena devem literalmente colocar os outros em movimento. (Evite orientar os jogadores chamando-os pelo nome.) Se alguns não estiverem conscientes do quadro de cena, outros jogadores devem fazer com que se movimentem. Se isto não acontecer, então todos os jogadores devem se mover para um novo quadro de cena ao redor do jogador inconsciente. Esta consciência do outro cria agrupamentos que permanecem continuamente vivos.

Também é importante demonstrar que quando parte de você está visível, você está visível. Peça para os jogadores esticarem os cabelos, estenderem os calcanhares, levantar os braços acima da cabeça. Blocos, plataformas e rampas são úteis para ajudar a encontrar quadros de cena interessantes e diferentes.

A profundidade visual que é revelada no jogo *Quadro de Cena*, alcançada espontaneamente pelo reconhecimen-

Evite marcação prematura. Não estabeleça marcações que não tenham surgido dos ensaios.

Qualquer parte de você é parte do todo.

Depois de Quadro de Cena *o jogador mais resistente (solitário) irá aceitar e entender as instruções.*

O ator, como ágil jogador de bola, sempre alerta para onde a bola vai cair, move-se pelo palco consciente tanto dos seus parceiros atores, quanto das personagens e papéis jogados com total envolvimento de palco. Ela ou ele é tão sensível à marcação que o quadro de cena se mantém interessante e as linhas de visão claras em todos os momentos do jogo.

Quadro de cena!
Continua!
Quadro de cena!
Continua!...

Variante 1: **Quadro de cena!**
Quadro de cena!
Quadro de cena!...

Variante 2: (Nome do jogador)
Sustente!
(Nome de outro jogador)
Sustente!

Plateia, como vocês chegaram a essas conclusões?
Jogadores, qual a relação que existe entre sua consciência do quadro de cena e aquilo que a plateia viu?

to do fenômeno pelo ator, produz um quadro de cena extraordinariamente vivo e cheio de excitamento. Numa produção de *Um Canto de Inverno* de Shakespeare, dirigida por Andrew Harmon, fez-se o jogo *Quadro de Cena* nos ensaios. Um crítico comentou... "todos os atores permanecem no palco – como multidão, como uma plateia, como habitantes do lugar, e mesmo com tempestade – numa série simples mas eficiente de composições em constante transformação".

Quadro de Cena

Objetivo: Reconhecer que qualquer parte de você é você todo.
Foco: Na criação do grupo.
Descrição: Os jogadores aproximam-se, afastam-se e movimentam-se uns ao redor dos outros. Quando você der a instrução *Quadro de Cena!* os jogadores devem instantaneamente sustentar. Se alguma parte de um jogador ou de todos os jogadores não estiver visível para a plateia, continue orientando *Quadro de Cena*. Os jogadores instantaneamente se tornarão visíveis. Alguns irão se ajoelhar, outros levantarão os braços, os cotovelos irão aparecer. O resultado desse jogo são formações muito interessantes e aleatórias.

Variações: 1. Quadro de cena em movimento: o grupo permanece em constante movimento, mantendo-se visível o tempo todo.

2. Os jogadores aproximam-se e afastam-se uns dos outros. O orientador chama um jogador pelo nome. Todos os outros jogadores devem seguir este jogador até que seja dada a instrução *Sustente!* Repita isso com outros jogadores.

3. Dois times, um observa. Quando cada quadro de cena for sustentado, o time que estiver na plateia infe-

re um Onde/Quem/O Quê a partir das posições dos jogadores no palco.

4. Experimente este jogo com plataformas e rampas.

ATIVIDADE DE PALCO

O diretor ou ator mais habilidoso nem sempre encontra intelectualmente uma atividade de palco interessante. Ela deve ser frequentemente estimulada quando nem o ator nem o texto ajudarem. Algumas vezes você receberá inspiração dos atores no momento em que for necessário e irá espontaneamente selecionar o que é adequado para o ator e para a cena.

Tanto o diretor como o ator devem entender que a atividade de palco não é apenas uma atividade aleatória para manter os atores ocupados. Assim como a marcação, ela deve ser integrada, viva e alegre. Dê a instrução *Ajude seu parceiro que não está jogando!*

Jogar irá gerar muito mais atividade do que muitas horas de trabalho solitário com o texto.

SEGURA ISSO!

Durante os ensaios, quando surge alguma coisa perfeita para a cena, a emoção ou o personagem, usar a instrução *Segura isso!* no momento em que o movimento, o gesto ou o som apareceram, é valioso para o ator, particularmente quando ocorrer um momento intensificado.

Eu estava dirigindo uma peça de um ato ambientada numa pequena cidade mineira no início do século XIX. Uma mãe sentada à mesa da cozinha fala do seu medo pelo único homem da família que restou. Os outros – o marido e um outro filho – morreram em minas inseguras dirigidas por empresários inescrupulosos. Um apito soa. O medo toma conta da mãe. Um vizinho entra correndo,

Não é recomendável que o diretor cause dor física nos atores. No entanto, um inspirado choque ocasional pode produzir um momento muito vivo.

trazendo a notícia. Ficamos sabendo que seu último filho tornou-se mais uma trágica vítima. Toda sua família foi sacrificada. Em nossa produção, a mãe ao receber a notícia não parecia agonizada o suficiente. No ensaio seguinte subi ao palco sem ser notada.

Na hora de receber a notícia, dei um forte soco nas costas da mãe. Ela gritou pelo ataque de surpresa e pela dor de perder o último filho.

Segura isso!

Ela segurou. Em todos os espetáculos seguintes. Dor física – dor emocional – os gritos são diferentes?

4. O Segundo Período de Ensaio

Este é o período de escavação. Na medida em que o ator vai desenvolvendo ações através dos exercícios ou na leitura do texto, o diretor pode tomá-las, aumentá-las e acrescentar algo, caso seja necessário. Neste ponto do processo a peça está mais ou menos marcada e todos estão completamente livres das falas. As relações e os papéis estão claros. Durante este período é necessário estabelecer e manter o tom adequado para os ensaios. Todas as sugestões que seguem poderão ajudar:

1. Este deve ser o início da autodisciplina. É proibido fofocar nas coxias e no teatro.
2. Se a base foi bem sedimentada, você – na qualidade de parceiro de jogo – vai direto à ação de palco sem correr o risco de se intrometer na vida do ator ou de produzir uma qualidade de cena estática ou morta. Você pode persuadir, gritar, exigir e estabelecer os passos exatos a serem seguidos, sem criar ansiedades ou bloquear a espontaneidade. Não haverá perigo de dificultar o trabalho de palco dos atores.
3. Alguns jogos usados anteriormente podem ser repetidos aqui se necessário. *Blablação*, p. 76-77; *Câmera lenta*, p. 45; *Explorar e Intensificar*, p. 69 e *Começo e Fim*, p. 67 são muito valiosos para escavar mais atividade de cena.

4. Seu nível de energia (do diretor) deve ser alto e evidente para os atores.
5. Observe os sinais que indicam que seu elenco está criando bolor e corrija-os rapidamente. Mantenha seu elenco em movimento, interagindo, transformando.
6. Trabalhe para que haja uma caracterização mais intensificada. É importante mencionar as nuances de marcação e atividade.
7. Faça ensaios localizados durante todo esse período. Repasse uma cena várias vezes. Use o jogo *Começo e Fim*, p. 67 e *Fazendo Sombra*, p. 103.
8. Se o elenco todo só pode se reunir três vezes por semana, o diretor deve trabalhar com ensaios localizados nos dias em que o elenco não estiver completo.
9. O diretor deve começar a construir as cenas uma após a outra. Cada cena tem seu próprio começo e fim, mas cada uma deve ser construída sobre a cena anterior. Elas são uma série de degraus – cada um mais alto do que o anterior – que levam para o clímax da peça.
10. Durante este período trabalhe sempre que possível ao ar livre. A necessidade de vencer as distrações exteriores amadurece os atores.
11. Faça os jogadores ensaiarem descalços e de shorts (se o clima permitir). Você poderá então observar os movimentos do corpo todo (particularmente dos pés) e dizer rapidamente se um ator está simplesmente dizendo as palavras ou fiscalizando a situação no palco.
12. Além de observar os atores, ouça-os. Dê as costas para o palco e concentre-se no diálogo apenas, tomando notas das leituras superficiais, fala descuidada etc.
13. Você não deve permitir que a urgência faça você parar os primeiros ensaios corridos. Tome nota da ação que pode ser repetida várias vezes. Lembre-se, há muito tempo.
14. Se os atores parecem estar trabalhando em disputa com você, é aconselhável verificar o motivo. Há um

motivo? O elenco e o diretor estão trilhando o mesmo caminho?
15. Os atos finais parecem caminhar sozinhos. Dê maior atenção e faça mais ensaios localizados para os atos anteriores. Se os relacionamentos e as personagens estiverem bem estabelecidos, o último ato precisará apenas da solução da peça.
16. Algumas cenas precisam ser repetidas centenas de vezes para que sejam perfeitamente polidas. Outras precisam de muito pouco trabalho além dos ensaios normais. Uma cena que tenha efeitos especiais não deve parecer mal feita no espetáculo, mesmo que isso signifique horas de trabalho.
17. Este pode ser um período de tentativa ou um período divertido para todos. O trabalho intenso poderá ser divertido na medida em que o elenco e o diretor caminharem para dentro do texto e de si mesmos.

O ENSAIO RELAXADO

O ensaio relaxado dá perspectiva aos jogadores. Você deve esperar até que todos estejam livres das falas (do texto).

Os jogadores deitam-se no chão com os olhos fechados e respiram acentuando a expiração. Caminhe pela sala levantando o pé de um jogador ou a mão de outro para certificar-se de que o relaxamento muscular é completo.

Os jogadores então dizem suas falas com os olhos fechados, continuando a focalizar a visualização do palco, os outros e si mesmos em cenas.

As vozes dos atores tornam-se calmas, e quase sonolentas. Apesar do trabalho anterior, sempre aparecem velhos padrões de leitura e ansiedades. Contudo, o ensaio relaxado usado junto com a visualização do palco geralmente libera as tensões e as preocupações dos jogadores

Dê as instruções: Veja o teto! Veja o chão! As paredes! Veja o que está do lado de fora das janelas!

Dê as instruções calmamente: Movimento! Veja seu parceiro de jogo! Veja a si mesmo! Atenção para as cores! Veja o espaço que existe entre vocês! – ou qualquer outra instrução adequada.

sobre os mecanismos de suas ações, suas falas, suas deixas, seus movimentos etc.

Calmamente lembre os atores que não devem balbuciar as falas dos outros, mas ouvir e manter o foco em ver o palco com os olhos fechados.

Os jogadores continuarão a dizer suas falas. Esta instrução irá ajudar os jogadores a ver o palco em sua dimensão total, as cores, os movimentos etc. Todos ficarão hiperconscientes de tudo o que acontece.

Se for preparado e trabalhado adequadamente, o ensaio relaxado será muito agradável e proveitoso. O trabalho de palco será intensificado e os últimos vestígios de ansiedade geralmente desaparecerão.

IMPROVISAÇÕES GERAIS SOBRE A PEÇA

A improvisação geral será de grande valia quando se tornar necessário instigar os atores além do texto e precisar os relacionamentos. As improvisações gerais não parecem ter qualquer relação direta com a peça escrita. Elas são usadas para dar aos jogadores *insight* em relação aos personagens que estão fazendo.

Numa produção de *As Roupas Novas do Imperador,* numa versão escrita por Charlotte Chorpening, criou-se um grande problema para estabelecer o relacionamento entre o ministro vilão, intimidador e trapaceiro, e os tecelões sofredores. Para solucionar o problema, parou-se o ensaio e fez-se uma improvisação geral. Nela, os tecelões fizeram o papel dos moradores de uma vila durante a Segunda Guerra Mundial. O ministro e sua comitiva fizeram o papel dos soldados nazistas. Os nazistas invadiram a vila, aquartelaram-se, estabeleceram a autoridade e usaram a violência física contra aqueles que protestaram. Os habitantes do lugar choraram, lutaram e gritaram em vão. Todas as emoções

Uma vez conseguida a qualidade necessária para uma cena, ela permanece (com raras exceções).

necessárias para a peça emergiram e foram intensificadas. Não foi mais necessário ensaiar esses relacionamentos.

No exemplo acima citado, a realidade da cena histórica teve que ser moldada na estrutura da peça, mas a intensidade nunca se perdeu. A plateia ficou emocionada pela força das cenas e causou grande espanto o fato de que "simples crianças" pudessem representar tão surpreendentemente.

Os jogos que seguem são úteis para improvisações sobre um texto.

Ao ajudar os atores a "ver as palavras" e a conseguir um foco para a cena, as improvisações gerais sempre dão aos atores um insight *que vai além das palavras do texto.*

Começo e Fim com Objetos

Objetivo: Auxiliar os jogadores a distinguir uma aparição (ahhh!) como sendo uma coisa distinta de um ato de mímica.
Foco: Num objeto.
Descrição: Neste exercício de três partes, um único jogador escolhe um objeto pequeno. Por exemplo, uma barra de chocolate. Parte 1: O jogador realiza uma atividade simples com o objeto. Por exemplo: desembrulhando, mordendo, comendo.
Parte 2: O jogador então repete a atividade, desta vez dizendo "Começo!" cada vez que estabelecer um novo contato com o objeto e "Fim!" quando cada detalhe estiver completado. (Veja exemplo abaixo.) Parte 3: Finalmente, o jogador repete a atividade como na Parte 1 o mais rápido possível, sem dizer "Começo!" ou "Fim!". Inicie a série novamente.
Notas: 1. Se a Parte 2 for feita por completo, cada detalhe será como um quadro numa tira de um filme de cinema.
2. Oriente os jogadores para fazerem o "começo" e o "fim" com maiores explosões de energia.
3. A Parte 3 será muito mais clara e precisa do que a Parte 1, em primeiro lugar por causa do detalhe criado pelo "começo" e "fim", e em segundo lugar porque os jogadores não têm tempo de lembrar desses detalhes. Há contato imediato com o objeto.

Dê mais força no "Começo!"
Mais detalhe!
Mais energia no "Fim!"
Quebre mais a ação!
Diga com mais energia!

Jogadores, qual das partes (primeira ou terceira) trouxe mais o objeto para o espaço?
Plateia, vocês concordam?

Exemplo da Parte 2: Jogador toca a barra de chocolate: "Começo!" Segura o chocolate: "Fim!"
Começa a rasgar o papel: "Começo!"
Rasga o papel: "Fim!"
Começa a amassar o papel: "Começo!"
Amassa o papel: "Fim!"
Está pronto para jogar fora o papel: "Começo!"
Joga fora o papel: "Fim!"
Etc.

Ver a Palavra

Objetivo: Estimular as percepções sensoriais.
Foco: No evento a ser narrado.
Descrição: Um jogador. O jogador vai para o palco e descreve uma experiência real, como uma viagem, um jogo de futebol, uma visita a alguém. O jogador deve manter o foco (no evento) durante as instruções. É muito importante continuar a narração enquanto se recebe as instruções.
Notas: 1. Na medida em que uma percepção maior é despertada, observe quando o jogador começa a abandonar a palavra e começa a relacionar-se com a cena. A voz que narra fica natural, o corpo relaxa e as palavras fluem. Quando um jogador não está mais dependente das palavras, mas focalizado no ambiente em que entrou, todas as artificialidades e a fala afetada desaparecem. Um acontecimento passado torna-se uma experiência do tempo presente.

2. Este exercício é muito útil para o ator que tem longas falas e auxilia muito a utilizar as palavras em uma dimensão maior.

Foco na cor!
Nos sons!
No tempo!
Nas pessoas! Nos cheiros!
Veja você mesmo em cena!

Você sentiu esta cena como sendo real?
Você se sentiu de mãos dadas com o narrador durante a viagem?

Explorar e Intensificar

Objetivo: Abrir as portas para novas descobertas.
Foco: Estar aberto para explorar, intensificar e expandir o jogo de cena.
Descrição: Times de dois ou mais jogadores estabelecem um Onde, Quem e O Quê e realizam o evento (cena) alertas às instruções do diretor.
Notas: 1. *Explora e intensifique! pode* ser usado como instrução durante todo o período de ensaios. Essa instrução propicia apoio, aumenta o nível de energia e vence a tendência a interpretar ou inventar, o que leva a cena para o brejo.
   2. O diretor deve estar inteiramente atento observando e ouvindo os sons, os movimentos, as ideias, as pausas etc., que normalmente passariam despercebidas. O gesto mais simples é passível de ser explorado, alertando a todos para as possibilidades de vida de palco cheia de inspiração.

Explore essa ideia!
Intensifique esse sentimento!
Expanda esse gesto!
Explore esse som! Esse objeto!
Esse pensamento!
Intensifique-o!

Jogadores, aconteceu alguma coisa quando vocês receberam a instrução para explorar e intensificar? Jogadores, a instrução veio a partir do que estava acontecendo, ou foi imposta?

RISO NO ENSAIO

Durante o segundo período de ensaios os atores geralmente estão bastante livres das tensões iniciais. Os aspectos sociais do ensaio são importantes, as atividades de cena estão funcionando, e todos começam a se divertir mais. O divertimento, contudo, deve ser entendido como o prazer de trabalhar na peça e com os outros jogadores.

O riso quando moderado e agradável, é útil. Na maioria dos casos denota ruptura. Ajudará, e não impedirá o trabalho. Quando o riso tem elementos de histeria, ele é destrutivo e deve ser cuidadosamente trabalhado. Você irá, com o tempo, ouvir um riso e saberá dizer o que significa. Isto acontece com uma mãe que é capaz de identificar cada grito ou choro de seu filho.

Coloque o riso incontrolável e o riso espirituoso nos seus devidos lugares.

O riso histérico é um sinal de medo.

O riso às vezes é um meio de desviar, sair do foco.

Às vezes, quando o riso aparece entre o elenco num ensaio, libere-o juntando-se ao grupo. Por outro lado, se o riso for incontrolável, reconheça aí um sinal de perigo. Pare a cena e faça alguma outra coisa. Vá para algum outro jogo.

Tanto os atores jovens como aqueles já mais velhos e experientes poderão dizer "Ele me faz rir!" Porém é importante assinalar que "ele" ou "ela" nunca os fazem rir. A causa do problema é a falta de foco.

Qualquer que seja a causa, o riso é energia, e os jogadores podem aprender que o seu impacto físico pode ser canalizado para outras emoções.

Dê a instrução: *Utilize seu riso!* Os jogadores irão certamente reagir. O riso pode ser rapidamente transformado em lágrimas, acesso de raiva, riso falso e outras ações físicas.

AMADURECENDO OS JOGADORES

Falamos de jogadores "amadurecidos" quando estabelecem um bom relacionamento com o seu papel, com a peça, com o cenário, com a plateia e com os parceiros de jogo[1]. Eles têm movimentos fáceis, fluência na fala e, acima de tudo, sentido de tempo.

Uma das fraquezas mais comuns do teatro leigo é o nível de atuação desengonçado e tosco apresentado por muitos de seus atores. Se, por um lado, muita dessa rusticidade pode ser atribuída ao treinamento e experiência inadequados; por outro, muitos outros fatores estão envolvidos.

Parar o processo para o amadurecimento.

Com que frequência a maioria dos atores está no palco? O seu trabalho, na maioria dos casos, é dirigido para uma única apresentação, e passado esse momento a experiência termina. Esta quebra abrupta na expressão do

---

1. Veja notas sobre Quadro de Cena e os jogos que acompanham nas páginas 59-60.

grupo impede o crescimento no exato momento em que deveria desabrochar.

Para o grupo interessado no desenvolvimento de uma companhia de repertório, o amadurecimento que acontece durante os espetáculos é extremamente valioso. Mas, com todos os problemas de tempo para ensaiar, dificuldades técnicas e mecânicas que a maioria dos grupos amadores enfrenta, há muito poucas oportunidades para o grupo obter *insights* sobre a peça e atingir o amadurecimento desejado.

As sugestões que seguem podem proporcionar um melhor acabamento aos desníveis e aparar muitas arestas.

Nenhum diretor deve esperar obter jogadores amadurecidos num curto espaço de tempo.

1. Planeje um período longo para os ensaios.
2. Use os jogos teatrais durante os ensaios.
3. Não permita que os jogadores levem suas falas para casa muito cedo.
4. Use o quadro de cena sempre que possível.
5. Crie uma atmosfera agradável e livre de tensões durante os ensaios.
6. Traga peças de figurinos e adereços no início dos ensaios.
7. Trabalhe para que os jogadores enfrentem toda as crises (momentos de desequilíbrio) e se adaptem a mudanças repentinas.
8. Destrua a dependência das palavras.
9. Faça um ensaio corrido do espetáculo uma vez por semana durante o segundo período de ensaios.
10. Programe o maior número de espetáculos possível. Faça espetáculos para plateias muito diferentes e numa variedade de lugares.

O ENSAIO CORRIDO SEM PARADAS

O ensaio corrido sem paradas é muito útil para o diretor que tem um tempo de ensaio muito limitado. Ele é simplesmente uma passada completa da peça *sem paradas*

Os ensaios corridos sem paradas fortalecem toda a estrutura básica da produção pois o fluxo e a continuidade que geram dá aos atores um sentido de movimento e ritmo da peça e ajuda nos detalhes das cenas.

de qualquer espécie. É uma coisa sagrada; não o interrompa sob qualquer circunstância. Notas para um ensaio localizado e lembretes para os jogadores, e para as partes do trabalho que necessitam um pouco mais de atenção podem ser feitos rapidamente e os problemas solucionados num ensaio posterior.

Os problemas mecânicos que o diretor enfrenta em juntar a peça e o elenco durante o primeiro período de ensaios, consomem tanto tempo que um ensaio corrido naquele período seria praticamente impossível. De fato, trabalhar em apenas um ato de uma peça de três atos geralmente toma a maior parte do tempo dos ensaios neste estágio. Mas no segundo período de ensaios quando a marcação (quadro de cena), os relacionamentos, a personagem, a integração etc. já estão esquematizados, os ensaios corridos sem paradas devem ser programados com a maior frequência possível.

BIOGRAFIAS

Mais para o final do segundo período de ensaios, peça para os atores fazerem biografias de seus personagens. Este artifício ocasionalmente traz algum *insight* para o ator que parece não estar caminhando no sentido de encontrar o seu personagem.

A biografia é tudo o que se sabe sobre o personagem que está sendo feito. Os atores devem escrever da maneira mais completa possível: grau de escolaridade, os pais, os avós, comidas favoritas, principais ambições, amores, ódios, o que o diverte, como ele passa as noites etc. Feito isto, acrescente o motivo pelo qual o personagem foi trazido para a situação da cena.

As análises escritas não devem ser feitas até que os jogadores tenham sedimentado o personagem. Quando feito muito cedo, é prejudicial e cria o efeito oposto, uma vez que

Algumas biografias podem ser esquemáticas, irrelevantes ou superficiais. Não permita discussões sobre elas. Aceite-as como estão e utilize-as como material de referência quando surgir a necessidade.

Uma biografia escrita por uma menina de quatorze anos de idade, dizia que ela e o vilão tinham sido colegas de escola quando eram crianças e que ela tinha se apaixonado muito por ele. Do ponto de vista lógico, isto seria impossível na estrutura social da peça, porém este envolvimento emocional deu uma outra dimensão ao relacionamento dela com o vilão. Ela pode mostrar um certo amor antigo pelo personagem que agora ela detesta. A plateia, naturalmente, jamais soube desta história, mas foi graças a ela que o trabalho ganhou uma profundidade muito maior. (Quando esses dois jogadores cresceram eles se casaram!)

mantém o personagem "na cabeça" do jogador e a história é geralmente muito subjetiva

5. Afinações

À medida em que os ensaios prosseguem, surgem alguns problemas que necessitam ser diagnosticados e solucionados. Os jogos que seguem têm como objetivo enriquecer a sua produção.

A LEITURA DAS FALAS COM NATURALIDADE

O ator sempre tem medo das palavras, especialmente a criança cuja ansiedade nasce de experiências passadas desagradáveis com leitura. A falta de habilidade para ler naturalmente as falas se evidencia no jogador inexperiente, quando as falas se transformam em palavras em lugar de diálogo.

O primeiro passo para ajudar os jogadores a perder esta preocupação com as falas é deixá-los preocupados com alguma outra coisa[1]. Dê um jogo teatral que remova a preocupação com as palavras e solucione o problema para eles[2].

Blablação, movimento estendido, movimento dançado, diálogo cantado, contato e o aquecimento da memo-

Na luta para pronunciar as palavras "corretamente", o desconforto está sempre em primeiro plano.

Evite referências diretas à causa da ansiedade.

---

1. Veja *Vogais e Consoantes*, p. 44.
2. *Substância do Espaço*, p. 94; *Caminhadas no Espaço*, p. 134-136; e *Contato*, p. 82.

Uma cena que não pode ser realizada em blablação é uma cena sem interação entre os jogadores. A comunicação teatral não pode ser feita por meio de palavras, o ator deve mostrar de verdade.

rização de falas são todos destinados a ajudar o jogador neste sentido. Os jogadores devem sentir que as falas nascem de ação dinâmica e envolvimento. Para aqueles jogadores que leem com hesitação, dê blablação ou falas improvisadas até que os relacionamentos sejam formados.

Blablação exige resposta corporal total para estabelecer a comunicação. Ela fornece jogos excelentes para serem usados durante os três períodos de ensaios. A *Blablação* (encarando) abre os jogadores rapidamente e ajuda o diretor a ver as potencialidades individuais dentro do grupo. Ela fiscaliza os relacionamentos e envolvimentos, tem valor extraordinário para desenvolver marcação e atividade de cena espontâneas e dá muitas pistas para o procedimento do diretor.

Quando empregado logo no início do período de ensaios, a Blablação *produz uma aceleração considerável em todos os aspectos da produção.*

Num experimento com uma peça de um ato que teve apenas oito horas de ensaio (utilizando atores que tinham formação limitada), a *Blablação* foi utilizada quatro vezes consumindo duas horas e meia ou um quarto do tempo total de ensaio. A apresentação daí resultante teve uma vitalidade incomum e o elenco trabalhou a peça tão à vontade que pareceram atores experientes.

Quando utilizar a *Blablação* durante os ensaios, chame os jogadores que não trabalharam com *Blablação* nas oficinas de treinamento.

BLABLAÇÃO: VENDER

Venda diretamente para nós!
Olhe para nós!
Compartilhe a sua *Blablação*!
Agora anuncie!
Anuncie para nós!

Objetivo: Sentir o impacto de uma plateia.
Foco: Na comunicação para uma plateia.
Descrição: Um jogador, falando em blablação, vende ou demonstra alguma coisa para a plateia. Permita um ou dois minutos contados no relógio para cada jogador realizar o seu jogo.
Notas: 1. Insista em contato direto. Se os jogadores fitam a plateia ou olham por sobre as cabeças, peça para que

anunciem/vendam o seu produto até que a plateia seja realmente vista. "Anunciar" tal como é feito nas feiras livres, requer contato direto com os outros.

2. Tanto a plateia como o jogador percebem a diferença quando o olhar fixo se transforma em ver. Quando isso acontece, aparece no trabalho uma profundidade maior, uma certa quietude.

3. Permita que um jogador cronometre o tempo e informe quando o tempo de jogo está na metade e quando o jogo está no fim.

O que estava sendo vendido ou demonstrado?
Houve variedade na Blablação*?*
Os jogadores nos viram na plateia ou olharam fixamente?
Houve uma diferença entre vender e anunciar?

Blablação/Português

Objetivo: Criar o momento de desequilíbrio.
Foco: Na comunicação.
Descrição: Times de dois ou três jogadores e um instrutor. Os jogadores escolhem ou aceitam um assunto para conversar. Quando a conversa se tornar fluente em português, dê a instrução *Blablação!*, e os jogadores devem mudar para a blablação até que sejam instruídos a retomar a conversa em português. A conversa deve fluir normalmente e avançar no que se refere ao sentido.
Notas: 1. *Blablação/Português* é ideal para desenvolver a habilidade para dar e receber instrução para todas as faixas etárias. Quando o jogo estiver entendido, divida o elenco em times de três. Muitos times podem jogar simultaneamente, cada um com o seu instrutor. Dê a todos os membros do time a oportunidade de ser instrutor pelo menos uma vez.

2. Com relação à instrução, se a blablação se tornar penosa para qualquer jogador, mude imediatamente para o Português durante algum tempo. Isto ajuda o jogador que está resistindo ao problema.

3. O momento de mudança deve acontecer quando os jogadores estiverem desatentos, no meio de um pensamento ou de uma frase. No momento de desequilí-

Blablação!
Português!
Blablação!
Português!

A conversa fluiu e teve continuidade?
A comunicação sempre foi mantida?
Jogadores, vocês concordam?

brio, a fonte de novos *insights* – o intuitivo – pode ser aberta. Aquilo que estava oculto vem resgatá-lo.

4. A *Blablação* pode ser usada em combinação com inúmeros outros jogos[3].

MEMORIZAÇÃO

Nos grupos de teatro geralmente a memorização das falas é considerada o fator mais importante e o único ao trabalhar um papel. Na realidade é apenas um dos muitos fatores e deve ser tratado com cuidado para evitar que se torne um sério obstáculo no qual o ator pode tropeçar.

É importante lembrar que o diálogo nasce do envolvimento e do relacionamento entre os jogadores.

Não permita que os atores levem os seus textos para casa durante os ensaios iniciais. Isto pode ser perturbador para os atores, pois muitos acreditam que a memorização das falas deve ser feita imediatamente e tirado do caminho para que a direção real possa ter início. No entanto, a memorização prematura cria padrões rígidos de discurso e maneirismos que são difíceis (e às vezes impossíveis) de remover.

Lembre-se que alguém pode estar esperando o jogador em casa para "ajudar". Que amigo bem-intencionado ou parente pode resistir à tentação de encontrar a maneira "certa" para o ator?

O tempo entre os ensaios é um período de decantação. Deixe-o repousar tranquilamente.

Memorizar as falas muito cedo traz muitas ansiedades; o medo de esquecê-las é grande. Estas ansiedades lançam uma sombra sobre cada apresentação.

Os jogadores podem se sentir bastante preocupados quando não lhes é permitido levar seus textos para casa durante os ensaios iniciais, pois mesmo os mais jovens já associaram fazer um papel com decorar palavras (memorizar). Você deve tranquilizá-los.

Todos os elementos da produção devem ser aprendidos simultânea e organicamente.

É durante os ensaios que os atores se livram das palavras que estão tentando memorizar. Quando esta liberda-

---

3. Veja Spolin, *Improvisação para o Teatro*, p. 110-111, 204.

de se torna evidente, é seguro deixar que levem suas falas para casa. Quando os atores estão integrados e se relacionam com todos os aspectos da comunicação teatral, todos estão prontos para memorizar – de fato, para a maioria, o trabalho já foi feito. Você irá descobrir que tudo o que precisa fazer é passar por esta ou aquela fala mais difícil.

Se o trabalho de base foi realizado corretamente você provavelmente encontrará todos os atores livres de suas falas antes do início do segundo período de ensaios. Este método é especialmente válido para crianças, para quem o medo de ler e não ser capaz de memorizar suas falas muitas vezes se torna um sério obstáculo, fazendo com que muitas delas não se desenvolvam como atores. Veja Ensaio Corrido Especial, p. 106.

Experimente tirar os textos das mãos do ator durante os ensaios. Surpresa! – eles saberão suas falas!

TEMPO

Tempo é percepção, sensação. É uma resposta orgânica que não pode ser ensinada por meio de preleções.

O jogador não pode desenvolver a percepção do tempo intelectualmente já que esta é uma habilidade que só pode ser aprendida por meio da experiência, por meio da intuição. É por isso que a marcação rígida e a obediência mecânica à direção não funcionam.

Acredita-se que apenas os jogadores mais experientes possuem percepção de tempo. No entanto, se por "experiente" entendemos aquele jogador que tem consciência de si mesmo e habilidade para entrar em harmonia com a cena, com os outros jogadores e com a plateia, então todo jogador pode desenvolver um certo grau de percepção de tempo. Experimente os estímulos múltiplos do jogo *Conversa em Três*, a seguir.

Percepção de tempo é a habilidade para manipular os múltiplos estímulos que ocorrem dentro de um ambiente. E o anfitrião que entra em harmonia com as necessidades individuais de muitos hóspedes. E o cozinheiro colocando uma pitada disto e uma salpicada daquilo no ensopado. São as crianças que ao jogarem, estão alertas umas às outras e ao ambiente à sua volta.

Quando os jogadores percebem que o jogo se arrasta, as deixas são esquecidas e a ação de cena não é viva, a percepção de tempo acaba.

Conversa em Três

**Fale e ouça ao mesmo tempo!
Não tenha pressa!
Não faça perguntas!
Não peça informações!**

Objetivo: Desenvolver o estado de alerta para as múltiplas informações que surgem.

Foco: Para o jogador do centro, manter duas conversas simultâneas; para os jogadores das extremidades, manter uma única conversa apenas com o jogador do centro.

Descrição: Três jogadores sentados. Um jogador (A) é o centro, os outros (B e C) são as extremidades. (B) extremidade (A) centro (C) extremidade Cada jogador da extremidade escolhe um tema e envolve o jogador do centro em uma conversa como se o jogador da outra extremidade não existisse. O jogador do centro deve conversar com ambas as extremidades, sendo fluente em ambas as conversas (respondendo e iniciando quando necessário) sem excluir nenhum dos dois jogadores das extremidades. Com efeito, o jogador do centro mantém uma conversa com dois assuntos. Os jogadores das extremidades conversam apenas com o jogador do centro.

Notas: 1. Faça rodízio com os jogadores, dando a instrução *Próximo!* novos jogadores, um de cada vez, levantam e sentam-se em uma das extremidades, empurrando o jogador que ali estava para o centro, o do centro para a extremidade oposta, e o jogador que estava na extremidade oposta para fora do jogo.

2. O jogador do centro não responde apenas, mas também inicia a conversa.

3. Onde, Quem e O Quê podem ser acrescentados.

4. Evite perguntas que criam duas conversas separadas em lugar de duas conversas simultâneas.

Os jogadores evitaram fazer perguntas? O jogador A parou de ouvir um dos jogadores enquanto estava falando com o outro? Os jogadores das extremidades entraram na conversa um do outro? O jogador do centro também deu início à conversa?

CONTATO

Às vezes assistimos peças onde os atores permanecem em suas pequenas áreas – com medo de tocar, olhar diretamente ou ouvir um ao outro. Contatos estreitos entre os jogadores, quando um braço realmente segura outro braço ou um olho olha bem dentro de outro olho, tornam o espetáculo mais vivo e mais sólido. A plateia é capaz de sentir quando o contato verdadeiro foi estabelecido. E o diretor deve dar instrução nesse sentido ao longo dos ensaios.

O *Contato* pode intensificar cenas altamente dramáticas. Aqui os atores não podem se evadir através de diálogos e personagens, mas sim estar presentes e serem vistos. Isto força todos os atores a fazer escolhas mais sutis de movimentação de cena.

O contato pode ser feito através do toque físico direto, da troca de adereços de cena ou do foco no olhar.

Use algum tempo para realizar uma das cenas da peça como um exercício de contato.

Contato Através dos Olhos Nº 1

Objetivo: Fazer com que os jogadores vejam uns aos outros.
Foco: Em estabelecer contato direto através dos olhos com outros jogadores e dirigir a visão para o adereço ou área de cena à qual se faz referência.
Descrição: Dois ou mais jogadores. Onde, Quem e O Quê são estabelecidos.
Exemplo: Maria entra no quarto para visitar João. João: "Oi, Maria." (Contato através dos olhos com Maria.) "Não quer entrar?" (Contato através dos olhos com o quarto.) Maria: "Oi, João." (Contato através dos olhos com João.) "Aqui está o livro que eu disse que ia trazer." (Contato através dos olhos diretamente com o livro.) "Você ainda vai querer?" (Contato através dos olhos com João.)
Nota: Para obter a energia intensificada ou foco suplementar, sugira que seus olhos deem um *dose*, como se fosse uma câmera de TV. Fazer isto no momento do

Veja!

Eles solucionaram o problema? Houve foco suplementar (energia) no momento do contato através do olhar?

contato é bom, embora possa parecer exagerado. Com o tempo os atores irão aprender a integrar sutilmente o contato através dos olhos no seu trabalho. O complexo jogo do *Contato* representa um dramático ponto de mudança para muitos atores. Devido à necessidade de contato físico, este jogo desenvolve uma comunicação mais íntima e um relacionamento mais profundo com os parceiros.

CONTATO

Parte 1: **Contato!** (Todas as vezes em que o jogador falar sem tocar.)
Varie o contato!
Fique em silêncio se não puder estabelecer o contato!
Utilize toda a área de jogo!
Jogue o jogo!

Parte 2: **Não faça contato duas vezes no mesmo lugar!**

Parte 3: **Não utilize as mãos! Não faça contato com as mãos!**

Parte 4: **Não faça contato com os pés!**

Objetivo: Forçar todos os jogadores a confiar diretamente nos seus recursos interiores. Dar variedade à atividade de cena. Ajudar os jogadores a ver e serem vistos.

Foco: Fazer contato físico direto a cada nova frase ou pensamento no diálogo.

Descrição: Dois ou mais jogadores estabelecem Onde, Quem e O Quê. Cada jogador deve fazer contato físico direto (tocar) o seu parceiro cada vez que uma nova frase ou pensamento é introduzido. A cada mudança do diálogo deve ser feito um contato físico direto. Os jogadores são responsáveis pelos seus próprios diálogos e contatos. Comunicações não verbais (acenos, assobios, dar de ombros etc.) podem ser aceitos. Se o contato não puder ser feito, não deve haver diálogo. (Como uma surpresa para os jogadores, acrescente regras mais desafiadoras conforme instruções para as partes 2 e 4.)

Notas: 1. Os jogadores resistem ao contato devido ao medo de se tocarem uns aos outros. Isto se verifica através da irritação em procurar variedade, em cutucar, em empurrar os outros jogadores, em procurar estabelecer contato através dos adereços de cena, em utilizar apenas o contato eventual e limitado (batendo nos ombros etc.). Volte para exercícios anteriores enfatizando relacionamentos, movimentos corporais e substância do espaço.

2. Se os jogadores não deixarem que o Foco trabalhe por eles, eles irão recair em improvisações irrelevantes, irão cutucar uns aos outros, em vez de fazer contato verdadeiro, e como resultado teremos a invenção de atividade inútil. Utilize as instruções das partes 2, 3 e 4 quando os jogadores menos esperarem, para variar o contato.

3. Sugira que os jogadores façam contato não verbal com um membro de sua família ou amigo sem deixar que o outro saiba. Discuta as várias respostas que os jogadores receberam.

4. *Contato* é discutido com muito mais detalhes no livro *Improvisação para o Teatro*, p. 165-169.

O envolvimento entre os jogadores foi maior por causa do contato?
Houve variedade no contato? O contato surgiu do Quem ou ele foi mecânico?
Jogadores, vocês mantiveram o foco quando fizeram contato, ou vocês estavam preocupados apenas com a atividade e a cena?

CONTATO COM A PLATEIA

Compreender o papel da plateia deve se tornar uma parte concreta do trabalho de teatro. Na maioria das vezes ela é tristemente ignorada. Tempo e preocupação são dispendidos com o ator, cenógrafo, diretor, técnico, administrador etc., mas o grande grupo sem o qual os esforços são inúteis é raramente levado em consideração.

A frase "esqueça a plateia" é utilizada por muitos diretores como um meio de ajudar os jogadores a relaxarem em cena. Esta atitude provavelmente criou a quarta parede. Os jogadores não devem esquecer a sua plateia, assim como não devem esquecer suas falas, seus adereços ou seus parceiros.

Cada técnica aprendida pelo jogador, cada cortina e cada praticável no palco, cada análise cuidadosa realizada pelo diretor, cada cena coordenada é destinada ao deleite da plateia, nossos parceiros de jogo, o último raio

A plateia é muitas vezes vista como um bando de "espiadores" a serem tolerados pelos atores e pelo diretor, ou como um monstro de muitas cabeças que está assistindo a um julgamento.

A plateia é a parte mais reverenciada do teatro. Sem a plateia não há teatro.

da roda que pode, então, começar a girar, tornando a apresentação significativa.

Quando existe uma compreensão do papel da plateia, a ligação e a liberdade aparecem para o jogador. O exibicionismo se evade quando os jogadores veem os membros da plateia não como juízes ou censores ou mesmo como amigos maravilhados, mas como um grupo com o qual está compartilhando uma experiência. A quarta parede desaparece e o solitário observador torna-se participante do jogo, participante da experiência e é bem acolhido. Este relacionamento não pode ser incutido no dia de ensaio com o figurino ou em uma preleção de última hora, mas deve ser tratado desde as primeiras leituras de mesa: *Compartilhe o quadro de cena! Compartilhe a sua voz! Vagais! Consoantes!*

Contato Através dos Olhos nº 2

Objetivo: Ajudar os atores a "projetar".
Foco: Fazer contato físico, com adereço ou com os olhos com cada membro da plateia durante o transcorrer do discurso.
Descrição: Um jogador deve vender, demonstrar ou ensinar alguma coisa para a plateia.
Nota: É importante usar a instrução *Para nós!* quando os jogadores evitarem o contato através do olhar com a plateia.

Para nós!
Venda (ensine, demonstre) para nos!

Os atores fizeram contato físico e contato através do olhar com a plateia.
O contato foi feito com todos os membros da plateia?
Os jogadores viram ou olharam fixamente?

OUVINDO OS JOGADORES

Durante os ensaios o diretor deveria, a intervalos, dar as costas aos jogadores e ouvi-los. Este ouvir sem ver os jogadores em ação muitas vezes aponta fraquezas de relacionamento, revela falta de "ver a palavra", descobre falsidades na caracterização e mostra atuação exagerada.

PEGANDO DEIXAS

As deixas lentas criam um sério atraso em uma cena e podem causar uma apresentação arrastada. Esteja atento ao problema desde o primeiro ensaio.

As deixas lentas são muitas vezes resultantes de uma indecisão do jogador – devo ou não devo? Durante as oficinas utilize exercícios de estímulo múltiplo como os jogos tradicionais ativos.

Se o problema persistir, bata palmas simultaneamente com as deixas. *Fazendo Sombra*, p. 103, pode ser usado para encorajar tomadas de deixas mais rápidas. Então peça aos jogadores mais lentos para, deliberadamente, interromperem as falas dos outros, cortando as últimas palavras. Dê a instrução *Agora! Agora!*

Lide naturalmente com o problema de pegar as deixas, pedindo que os jogadores respondam às deixas de ação. Não trate o problema mecanicamente. Se for necessário trabalhar com deixas de texto, espere até a última parte do segundo ou o início do terceiro período de ensaios.

Alerte os jogadores que pegar deixas não significa falar mais rápido.

Se uma fala tem um tempo lento, ela deve permanecer lenta mesmo que a deixa seja pega a tempo.

FISICALIZANDO

Uma preocupação básica é encorajar a liberdade de expressão física nos atores. A relação física e sensorial com a forma da arte abre a porta para o *insight*. É difícil dizer porque isto é assim, mas esteja certo de que assim o é.

Um jogador que sabe dissecar, analisar, intelectualizar ou desenvolver uma história de caso sobre um personagem, mas é incapaz de assimilar e comunicá-lo fisicamente, descobre que a sua compreensão do papel é inútil para o teatro. Não traz o fogo da inspiração para aqueles que estão na plateia. O teatro não é uma clínica nem um lugar para reunir estatísticas.

A fisicalização mantém o ator num mundo emergente de percepção direta – um eu aberto para o mundo.

Toda vida surge da relação física, seja uma faísca de fogo, o barulho de uma onda quebrando na praia ou uma criança nascendo. O físico é o conhecido, e por meio dele podemos encontrar o nosso caminho para o desconhecido, o intuitivo e talvez para além do próprio espírito humano.

O artista deve esboçar e expressar um universo que é físico mas que transcende o físico, um universo maior do que o olhar pode ver.

Quando um jogador aprende a comunicar diretamente para a plateia por meio da linguagem física do palco, todo o organismo se torna alerta. O jogador empresta a si mesmo ao esquema e é transportado, por esta expressão física, para a comunicação direta – um momento de percepção mútua com a plateia.

Certa vez, um jogador jovem tinha um sério problema de fala monocórdica. Pediu-se então que ele descrevesse uma enchente que havia presenciado[4]. A instrução para ver a cor, focalizar os movimentos, os sons etc. teve pouco efeito. Mas quando perguntado como se sentira por dentro quando viu a água, ele respondeu que tivera uma "estranha sensação no estômago". A "estranha sensação" tornou-se base para a instrução durante o seu relato e as transformações foram imediatas. Quando ele focalizou o medo do afogamento, apareceu animação em seu discurso. Ele tinha sido incapaz de reconhecer o fato de que sentira medo. Pedir-lhe uma emoção não provocou resposta. Mas quando lhe perguntaram como tinha se sentido por dentro (fisicamente), ele foi capaz de focalizar sua sensação física e torná-la compreensível para todos.

Os dois jogos que seguem *(Mostrando a Emoção por Meio de Objetos* e *Transformando a Emoção)* utilizam objetos como meio de ajudar os jogadores a fisicalizar emoções. Esses jogos são sempre úteis durante o ensaio. Esta seção lida mais diretamente com a emoção.

Mostrando a Emoção (ação interior) por Meio de Objetos

Use os objetos!
Use-os!
Encha o balão!
Pule a corda!

Objetivo: Fisicalizar emoções.
Foco: Usar o objeto real, selecionando espontaneamente, no momento em que o jogador precisar, para mostrar um sentimento ou um relacionamento.

---

4. Ele estava jogando *Ver a Palavra*, p. 68.

Descrição: Dois ou mais jogadores. Onde, Quem e O Quê são estabelecidos. Todos os objetos devem estar sobre uma mesa de fácil acesso a todos os jogadores em cena. A mesa deve estar colocada de forma a não perturbar o cenário nem a movimentação dos jogadores. Substitua ou acrescente itens à lista abaixo:

balão de gás/ar	pedaço de elástico
penas	saquinhos de feijão
correntes	buzina
corda	saco de areia
trapézio (ou corda para se balançar)	batedor de ovos
	triângulo
sino	brinquedos de festa
bola	escada

Exemplos: 1. Onde = quarto. Quem = três irmãs, duas mais velhas e uma mais jovem. O Quê = as duas irmãs mais velhas estão se vestindo para sair; a irmã mais jovem gostaria de ir junto. As duas mais velhas conversam sobre suas expectativas com relação à festa. Elas jogam balões, assopram penas e pulam corda. A mais nova, lamentando não poder ir junto, caminha pelo quarto carregando o peso de um saco de areia que às vezes coloca nos ombros, outras vezes arrasta pelo chão.

   2. Uma cena de amor entre um casal tímido. Os dois utilizam uma bola que é rolada entre seus pés.

Nota: Este jogo dá nuanças inusitadas para os atores, mesmo para aqueles que tenham pouco treinamento.

Variações: Os jogadores repetem a mesma cena sem utilizar objetos.

Os objetos acompanharam a ação? Os jogadores mantiveram a qualidade da cena quando trabalharam sem os objetos?

TRANSFORMANDO A EMOÇÃO

Objetivo: Fisicalizar a emoção.
Foco: Mostrar a emoção ou estados de ânimo por meio da utilização de objetos do espaço.

**Fisicalize este pensamento!
Explore e intensifique este objeto!**

Descrição: Um jogador realiza uma atividade com o foco em mostrar um sentimento definido, utilizando e manipulando objetos. Essa atividade deve, então, ser invertida. O jogador desfaz aquilo que fez mostrando o sentimento transformado por meio da mesma utilização e manipulação.

Exemplo: Uma garota se veste para sair para um baile. Ela mostra alegria ou apreensão através da maneira como tira o vestido do armário. Depois de saber que o baile foi cancelado, ela mostra desapontamento ou alívio guardando o vestido de volta no armário.

Notas: 1. No momento de mudança, o diretor pode tocar o telefone e enviar outro jogador para fornecer a informação necessária.

2. Se a emoção em transformação é mostrada apenas por meio de maneirismos faciais, os jogadores estão "interpretando" e não compreenderam o significado da fiscalização. É essencial usar adereços e o corpo.

3. Os jogos que utilizam objetos para mostrar ação interior são sempre úteis durante os ensaios.

A atividade foi idêntica antes e depois do momento de mudança?
O sentimento foi comunicado por meio de transformações corporais?
O que a alegria (o prazer) provoca em nós fisicamente?
O que o desapontamento cria cinestesicamente?

EMOÇÃO

Coloque a sua vitalidade e vida no seu personagem, não suas emoções ou sentimentos. Jogue com as emoções ou sentimentos do seu personagem. Os jogos que seguem devem ser realizados depois que os jogadores tenham começado a desenvolver suas personagens.

Modificando a Intensidade da Emoção

Objetivo: Ajudar os jogadores a trabalhar direta e fisicamente com a emoção.

Foco: Modificar a emoção de um nível para outro.

Os dois jogadores estão dentro da emoção! Intensifique-a! Mais!
(As novas emoções começam a aparecer durante a intensificação.)

Descrição: Dois ou mais jogadores. Onde, Quem e O Quê são estabelecidos. As emoções devem iniciar em um determinado ponto e tornar-se progressivamente mais fortes. A sequência pode transcorrer de afeição para amor, para adoração; de suspeita para medo para terror; de irritação, para raiva para cólera. A emoção também pode andar em círculo voltando para a emoção inicial (por exemplo: afeição, amor, adoração, amor, afeição). No entanto, isto só deve ser realizado por meio da instrução. E muito difícil dar nomes às diferentes emoções. Você pode preparar uma lista de emoções para consultar.

Exemplo: Um ato de traição por alguém a quem se ama e confia. A emoção é mantida durante todo um ciclo através da instrução. Os jogadores respondem emocionalmente na seguinte ordem: Autopiedade → raiva → hostilidade → culpa → pesar → tristeza → afeição → amor → responsabilidade → compreensão → respeito próprio → admiração mútua.

Natas. 1. Trabalhe muito próximo dos jogadores, tomando a sua deixa a partir deles, da mesma forma que tomam a deixa deles de você. Siga o seguidor. 2. Se o grupo estiver apto, as cenas podem produzir grande energia. No entanto, se as cenas terminarem em mera tagarelice, os atores necessitam de maior trabalho de fundamentação e/ou instrução.

Aprofunde o sentimento! Deixe-o expandir!
(Dê imediatamente a instrução quando surgirem novas emoções.)
A emoção está em toda a sua volta, entre vocês dois! Dentro dos dois!

Os jogadores estavam interpretando (emocionalismo) ou mostrando (fiscalização) ?

CÂMERA

Objetivo: Perceber totalmente a vida da cena.
Foco: Colocar foco e energia plena no outro jogador.
Descrição: Dois jogadores. Onde, Quem e O Quê é estabelecido. O diretor diz o nome de um jogador por vez e este deve colocar o foco, da cabeça aos pés, em seu parceiro. A atividade não deve ser interrompida mas sim continuar por meio destas modificações causadas pela câmera.

**Atenção corporal total!
Veja com a parte de trás de sua cabeça!
Veja com as suas vísceras!**
(Chame um dos jogadores pelo nome, e depois o outro.)

Os jogadores deram total atenção corporal?
Eles viram seu parceiro de jogo com os pés?
A atividade de cena continuou?

Notas: 1. Ao explicar o problema, utilize a imagem de "tornar-se uma câmera", ou sugira que o jogador seja um grande olho (da cabeça aos pés) para ajudar os jogadores a concentrar e focalizar sua energia um no outro.
2. A instrução dada na hora exata é essencial.
3. Durante os ensaios, dar a instrução *Câmera!* Produz resultados bastante valiosos.

SILÊNCIO ANTES DAS CENAS

Se os atores parecerem ansiosos, apressados, superativos ou jogam em cena sem pensar, peça para que sentem silenciosamente no palco antes de iniciar o ensaio. Focalizando na expiração e com a mente em branco, devem permanecer sentados tanto tempo quanto necessário. A ação de cena começará quando um dos jogadores se levantar e iniciar.

SILÊNCIO NO PALCO

Nos jogos de *Silêncio* os jogadores não devem substituir palavras subvocais ou não pronunciadas, mas focalizar no silêncio em si e aprender a comunicar por meio dele. Um grupo de jogadores avançados muitas vezes atinge clareza no nível da comunicação não verbal.

Grito Silencioso

Grite com os dedos dos pés!
Com os olhos!
Com as costas!
Com o estômago!
Com as pernas!
Com o corpo todo!
Grite mais alto!

Objetivo: Mostrar resposta corporal total através do grito.
Foco: Sentir emoção (ação interior) fisicamente.
Descrição: Os jogadores ficam sentados. Peça para o grupo gritar sem emitir som. Quando estiverem respondendo física e muscularmente com se estivessem realmente gritando, instrua-os: Grite com a voz! O som será ensurdecedor.

Nota: Este jogo proporciona aos atores não apenas uma experiência direta, mas é também muito útil para ensaiar cenas de multidão.

Vocês estavam gritando de verdade ou estavam "fazendo-de-conta"?

Tensão Silenciosa Nº 1

Objetivo: Ajudar os jogadores a utilizar o silêncio para construir tensão.
Foco: No silêncio entre os jogadores.
Descrição: Dois ou mais jogadores (de preferência dois) estabelecem Onde, Quem e O Quê. A tensão entre os jogadores é tão forte que eles são incapazes de falar. Não deve haver diálogo durante este evento (cena). Onde, Quem e O Quê devem ser comunicados através do silêncio.
Exemplos: 1. Casal de idade avançada ouvindo um ladrão caminhando no andar térreo.
2. Uma família de mineradores esperando por notícias, após um desastre no interior da mina.
3. Dois namorados que acabaram de romper relações.
Notas: 1. Se o foco for compreendido, este problema será útil para os jogadores que se "escondem", pois ele pede contato direto com os olhos.
2. Às vezes a instrução *Dar e Tomar!* é útil aqui.
3. O silêncio verdadeiro cria abertura entre os jogadores e uma fluência de energia, fazendo com que os jogadores atinjam recursos mais profundos.
4. Muitas vezes a tensão que surge entre os jogadores culmina em um único grito, risada ou algum outro som. Não diga isto aos jogadores. O jogador que diz "Eu queria gritar, mas pensei que você não queria que eu gritasse", não estava focalizando o problema, mas aquilo que o diretor queria.
5. Não deve haver diálogo interior (palavras silenciosas), nem fala. Toda fala deve ser mantida em "não movimento".

Foco no silêncio!
Comunique através do silêncio!
"Não movimento" no diálogo interior!
Olhem um para o outro! Vejam um ao outro!

Nós sabíamos onde os jogadores estavam?
Quem eram os jogadores?
Os jogadores utilizaram o diálogo interior?
Os jogadores comunicaram através do silêncio?
Sem palavras?
Jogadores, vocês concordam?

Tensão Silenciosa Nº 2

Mantenha o silêncio entre vocês dois!
Mantenha o silêncio à sua volta!
Dentro de você!
Acima de você!
Mantenha o espaço entre vocês silencioso!

Objetivo: Mostrar o poder da emoção não verbal.
Foco: No silêncio entre os jogadores.
Descrição: Dois jogadores sentados diante de uma mesa real. Sem Onde, Quem e O Quê.
Notas: 1. A utilização de uma mesa real é essencial para dar apoio aos jogadores. Esse exercício geralmente produz emoção avassaladora que se sente com muita força.

2. Dê a instrução com voz suave para não invadir o silêncio. É uma forma íntima de estar a três, quando o diretor sublinha o silêncio.

TEATRALIDADE

O teatro deve ser teatral. Real? Além do real. Nas fantasias, contos de fadas, musicais, óperas cômicas, dança, ficção científica, Shakespeare, no Story Theatre de Paul Sills*, o além do real é deliberadamente elaborado por meio de efeitos especiais, iluminação, som, figurino, música, roteiros. É um mundo onde toda condição humana, rima ou visão pode ser explorada, um mundo mágico onde os coelhos podem ser tirados da cartola e o próprio diabo pode ser invocado para com ele conversarmos.

Jogadores vivos mantêm a teatralidade vibrante. O uso contínuo dos jogos *Explorar e Intensificar*, p. 69; *Diálogo Cantado*, p. 45; Jogos com Espaço, p. 133-136; *Som Estendido*, p. 93 e *Câmera Lenta*, p. 45 dão aos jogadores uma experiência específica de intensificação e extensão. Eles possibilitarão maior exploração da ação de cena tanto para o diretor como para o roteiro.

O teatro é uma experiência transcendente e expansiva para todos, tanto para os jogadores como para a plateia.

---

* Paul Sills é filho da autora e mantém a companhia de teatro Story Theatre a qual realiza espetáculos improvisacionais baseados no sistema de jogos teatrais de Viola Spolin. (N. da T.)

Som Estendido

Objetivo: Intensificar e expandir a experiência teatral mostrando que o som (diálogo) ocupa espaço.
Foco: Manter o som no espaço entre os jogadores e deixar que ele atinja o parceiro.
Descrição: Dois ou mais parceiros sentados a certa distância.
 1. Todos os jogadores enviam um som para todos os outros jogadores.
 2. Cada jogador envia um som para cada parceiro.
 3. Dar e tomar enviando um som para cada parceiro.
Notas: 1. O som estendido estende o movimento.
   2. As palavras do texto podem seguir o som estendido.
   3. Este jogo pode ser utilizado durante a leitura de mesa.

Sem palavras! Mantenha o som entre vocês!
Mantenha o corpo ereto!
Evite o Soooommmm!
Amplie todos os movimentos com o corpo!
Mantenha o som no espaço!
Deixe o som aterrizar! Amplie o soooommmm!
Câmmmeeeerrraaa leeeeeentaaa!
Acelere o movimento! O mais rápido que puder!
Agora a velocidade normal!
Mantenha o espaço entre vocês dois!
Amplie o soooommmm!
Dar e tomar!

Os jogadores mantiveram o som no espaço entre eles?
O som os atingiu?
Os jogadores ampliaram o som com o corpo?
Os jogadores trabalharam com o dar e tomar?

TIRE DA CABEÇA! COLOQUE NO ESPAÇO!

Quando esta instrução é dada durante o jogo, não é fantasiosa, mas produz um campo de jogo real, um espaço, sobre o qual acontece a troca de energia e o jogo entre os jogadores. *Tire da cabeça e coloque no espaço* é recomendado tanto para dar instrução como nos momentos de avaliar um jogo. O jogador mais jovem responde e sente claramente esta nova área invisível, *espaço*, como sendo real! Os jogadores aceitam a pergunta "Estava dentro da sua cabeça ou no espaço?" sem precisar defender suas ações. A instrução "*Tire da cabeça e coloque no espaço!*" elimina e previne contra respostas condicionadas, limpa a mente, o intelecto de atitudes subjetivas de bom/mau, certo/errado, sem a necessidade de intromissões analíticas e psicológicas.

Quando tiramos da cabeça e colocamos no espaço, o equipamento sensório perceptivo do corpo todo é fortalecido
e o fluxo de energia torna-se facilmente acessível, podendo ser usado em todas as áreas, pelo diretor, pelos jogadores e eventualmente pela plateia.

Parte 1: **Movimente as mãos para frente e para trás! Para qualquer direção! Mantenha as palmas das mãos uma de frente para a outra! Focalize a substância do espaço entre as palmas de sua mão! Deixe as palmas das mãos irem para onde quiserem! Sinta a substância do espaço entre as palmas! Movimente a substância do espaço entre as palmas das mãos! Brinque com ela! Deixe que ela se torne mais espessa!**

Parte 2: **Vire-se e fique de frente para um parceiro! Duas palmas voltadas para duas palmas! Sinta a substância do espaço entre as quatro palmas! Brinque com a substância do espaço! Movimente-a ao seu redor! Intensifique! Utilize o corpo todo! Focalize o espaço entre as palmas de suas mãos e deixe que ele se torne mais espesso!**

Os jogadores deixaram que o foco na substância do espaço trabalhasse por eles?
Jogadores da plateia, a substância do espaço estava na cabeça dos jogadores ou no espaço?
Jogadores, vocês concordam?
A substância do espaço começou a ficar mais espessa?

Substância do Espaço

Objetivo: Sentir o espaço.
Foco: Na substância do espaço entre as palmas das mãos dos jogadores.
Descrição: Parte 1: Divida o grupo em dois times – jogadores e plateia. Trabalhando com o primeiro time, cada jogador trabalha individualmente, peça para que movimentem as mãos para cima e para baixo, aproximando-as e separando-as e de todas as maneiras. Os jogadores devem focalizar na substância do espaço entre as palmas das mãos.
Parte 2: Com times de dois, eles permanecem um de frente para o outro, a três ou quatro passos de distância. Os jogadores devem olhar para as palmas das mãos do parceiro. Os jogadores devem movimentar as mãos para cima e para baixo, aproximando-as e afastando-as. Deve-se manter o foco na substância do espaço entre as quatro palmas de suas mãos.
Notas: 1. Este exercício proporciona rapidamente uma experiência com a substância do espaço. Contudo, os jogadores devem aos poucos deixar que o foco nas palmas das mãos se dissolva parcialmente para que se sintam livres para manipular, brincar e interagir com a substância mais diferente que se tem notícia.

2. Os jogadores que fazem a vez da plateia irão se beneficiar ao assistir a esse jogo. Contudo, pode-se jogar com os dois times simultaneamente se o tempo for escasso.

6. O Terceiro Período de Ensaio

Este é o período de polimento. A joia foi cortada e avaliada e agora deve ser colocada em seu devido lugar. A disciplina deve estar em seu ponto máximo. Os atrasos aos ensaios e as falhas em ler o quadro de aviso ou confirmá--lo com o diretor de palco devem ser tratados com rigor.

A organização do trabalho nos bastidores deve começar junto com o trabalho no palco. A equipe de adereços, de som e de iluminação deve estar tão atenta ao tempo e às responsabilidades quanto os atores e isto deve ser construído a cada ensaio.

Você está preparando seus jogadores para uma apresentação na qual um ator atrasado ou adereço fora do lugar pode arruinar todo o espetáculo.

CRIANDO BOLOR

Há dois momentos em que os atores podem criar bolor: o primeiro é durante os ensaios, e segundo, durante a sequência de apresentações.

Às vezes isto é cansativo por uma séria fraqueza na estrutura básica da produção; outras vezes pode ser apenas um retrocesso temporário. Às vezes a escolha do material é pobre e você se percebe trabalhando com um texto tão superficial que ele responde apenas parcialmente ao seu trabalho. Às vezes os atores pararam de "jogar" e a espontaneidade e a criatividade foram substituídas pela rotina e pela repetição.

O bolor é um sinal de grave perigo: Quando os atores se tornam mecânicos e sem vida, alguma coisa deu errado.

O bolor pode ser um sinal de que o diretor negligenciou o planejamento do tempo de ensaio de modo a construir um máximo de inspiração e excitamento para os atores.

Ou os atores podem ter perdido o foco e começaram a generalizar seus relacionamentos (Quem) e seus ambientes (Onde). O ensaio, assim como a peça, deve ter um tema e um clima que se desenvolvem de forma crescente.

Vários fatores podem contribuir para que o elenco crie bolor durante os ensaios:

1. O diretor montou a peça e forma externa, determinando para os atores todos os movimentos, todas as atividades de cena e todas as inflexões de voz[1].
2. Os atores memorizaram as falas e as atividades de cena cedo demais. O personagem, a marcação etc. foram estabelecidos antes que se desenvolvessem os relacionamentos e o envolvimento[2].
3. Os atores estiveram isolados por muito tempo dos outros aspectos da produção e necessitam um "empurrão".

    Traga um adereço de cenário, um figurino ou um adereço de cena. Isto abre novas perspectivas para os atores e traz maior vitalidade para a produção.

A atmosfera teatral durante o terceiro período de ensaio deve ser intensificada.

4. Os atores necessitam de maior divertimento ou jogo. Este problema pode ser solucionado canalizando novamente a sua atitude ou usando um jogo. Isto é especialmente válido com as crianças e com atores leigos que podem necessitar de um longo período de oficinas antes que seu envolvimento com os problemas do teatro possam gerar energia suficiente para manter o interesse sem estímulos exteriores.
5. Os jogadores com formação limitada estão certos de ter alcançado o seu objetivo e construído seus personagens – eles querem começar o espetáculo. Às vezes apenas um ou dois membros do elenco estão tendo dificuldades. É possível que não estejam gostando de seus papéis ou que sintam que seus papéis deveriam ser maiores.

---

1. Veja p. 93 (Tire da Cabeça...).
2. Tente o jogo *Blablação*, p. 76-77, e *Dublagem*, p. 97.

Outros problemas que geralmente levam ao bolor durante as apresentações são:

6. Imitar apresentações anteriores.
7. Ser seduzido pela reação da plateia.
8. Nunca variar a apresentação. Experimente improvisações gerais em torno do mesmo cenário (Onde), personagens (Quem), mas com atividade (O Quê) diferente.
9. Fazer "apresentações solo". Jogue *Parte de um Todo*, p. 99.
10. Os jogadores ficam preguiçosos e descuidados.
11. Os jogadores perdem detalhes e generalizam objetos e relacionamentos no palco. Utilize o jogo *Verbalizando o Onde*, p. 100-101, quando isto acontecer.
12. Os jogadores necessitam da proteção do diretor.
13. A peça necessita de ensaios para pegar deixas.

Por exemplo: apareceu um problema durante a segunda apresentação. A cena passava-se numa cabana de pioneiros e o ator que fazia o vizinho fizera uma brilhante atuação ao enfrentar o vilão da peça. Após a primeira apresentação, ele recebeu estrondoso aplauso. Na apresentação seguinte não houve aplauso. Ele ficou perplexo e queria saber o que tinha acontecido. "Na primeira vez você jogou o jogo, você ficou realmente bravo e todos nós percebemos. Na segunda apresentação você estava lembrando apenas do aplauso."

Ele pensou por um momento, concordou com a cabeça e enquanto enrolava suas mangas, disse: "Espere até que eu o pegue hoje à noite."

DUBLAGEM

Objetivo: Quebrar padrões de discurso estabelecidos demasiado cedo e produzir novas direções e possibilidades de jogo.

Fiquem um com o outro!
Evite antecipar o que vai ser falado!

Reflita apenas aquilo que você ouve!
Movimente a sua boca com blablação silenciosa!
Não inicie!
Siga o seguidor! Torne-se uma só voz!
Um só corpo!

Foco: Em seguir o seguidor, como se a voz de um jogador e o corpo de outro se tornassem um único jogador.

Descrição: Dois ou três jogadores (Subtime A) escolhem jogadores do mesmo sexo para serem suas vozes (Subtime B). Este grupo inteiro (Subtime A e Subtime B) estabelece Onde, Quem e O Quê. Os jogadores que fazem a voz se reúnem em torno de um microfone com uma visão clara da área de jogo onde os jogadores que fazem o corpo realizam Onde, Quem e O Quê. Os jogadores que fazem a voz refletem a atividade de cena por meio do diálogo. Os jogadores que fazem o corpo movem os lábios como se estivessem falando, mas devem usar blablação silenciosa, sem tentar balbuciar as palavras exatas. Os dois subtimes seguem o seguidor com a voz e a ação. Peça para os jogadores trocarem de posição – quem faz a voz passa a fazer o corpo, e quem faz o corpo passa a fazer a voz. Continue com o mesmo Onde, Quem e O Quê, ou escolha um novo.

Notas: 1. No início os vários jogadores só se tornarão um único corpo e voz apenas por alguns momentos. Porém, quando a conexão for estabelecida, ocorrerá uma explosão de força entre os jogadores. Isto unirá todos os jogadores numa relação verdadeira. Dê dez minutos de tempo de jogo antes de trocar os times.

2. Se não ocorrer a conexão entre os jogadores e a voz seguir apenas os movimentos do corpo ou vice-versa, jogue várias vezes o jogo *Espelho* e os jogos com *Espaço*, até que os jogadores experimentem o que acontece quando não iniciam mas seguem o iniciador que por sua vez também está seguindo.

3. A instrução nasce daquilo que está emergindo. O diretor não ordena, mas atua como um parceiro de jogo, explorando e intensificando o que vê emergindo.

4. Quando a voz se torna única com as ações dos jogadores no palco, eles se sentem como se tivessem realmente pronunciado as palavras. Os jogadores do

palco não devem ser usados como bonecos pelos dubladores. Deve ser dado tempo para que a atividade de cena possa emergir.
5. Quando a dublagem funciona, dois jogadores experimentam uma união verdadeira e é como se fossem uma única pessoa.

A voz e o corpo eram uma coisa só?
Plateia, vocês concordam?

Parte de um Todo, Objeto

Objetivo: Tornar os jogadores interdependentes.
Foco: Em tornar-se parte de um objeto maior.
Descrição: Um jogador entra na área de jogo e torna-se parte de um grande objeto ou organismo (animal, vegetal ou mineral). Logo que a natureza do objeto se tornar clara para outro jogador, ele entra no jogo como uma outra parte do todo sugerido. O jogo continua até que todos os participantes estejam trabalhando juntos para formar o objeto completo. Os jogadores podem assumir qualquer movimento, som ou posição para ajudar a completar o todo. Exemplos incluem máquinas, células do corpo, relógios, mecanismos abstratos, constelações, animais.
Notas: 1. Este jogo é útil como aquecimento ou para finalizar uma sessão pois gera espontaneidade e energia. Os jogadores muitas vezes desviam da "ideia" original do primeiro jogador resultando em abstração fantasiosa.
    2. O diretor deve utilizar a instrução para ajudar os jogadores a entrar no jogo e para ajudar aqueles que têm medo de estar errado a respeito do objeto que está sendo formado ou aqueles que se apressam em entrar no jogo sem a percepção do todo.
    3. Este jogo teatral também é largamente utilizado sob o nome de *Máquina*. Os imitadores pegaram o exemplo do trem apresentado no jogo *Parte de um Todo* (*Improvisação para o Teatro*, p. 66) e limitaram a dinâmica deste jogo a uma área restrita. Na verdade, Parte do Todo pode ser muitas coisas.

Use o corpo todo para fazer a sua parte!
Entre no jogo!
Arrisque-se!
Torne-se uma outra parte do objeto!

O que era o objeto?
O que vocês pensavam que era antes de entrar?

Verbalizando o Onde, Parte 1

Mantenha o presente!
Verbalize os objetos que mostram o Onde!
Descreva os outros jogadores para nós!
Não emita opiniões!
Veja a si mesmo em ação!
Não dê informações!
Mantenha os objetos no espaço!
Use o diálogo quando ele aparecer!
Verbalize como suas mãos sentem a cadeira!
Não emita opiniões!
Isto é uma opinião! Isto é um preconceito! Uma suposição!

Os jogadores permaneceram no Onde ou o Onde permaneceu na cabeça deles (dando informações sobre o personagem, julgamentos, opiniões, preconceitos)?
Jogadores, vocês concordam?
Havia mais coisas que poderiam ser verbalizadas?
Partes do Onde?
Partes da ação?

Objetivo: Tornar os jogadores mais atentos ao seu ambiente.

Foco: Em permanecer no Onde, verbalizando cada envolvimento, cada observação, cada relação dentro dele.

Descrição: Times de dois jogadores estabelecem Onde, Quem e O Quê e sentam-se na área de jogo. Sem abandonar seus lugares, os jogadores realizam a cena verbalmente, descrevendo suas ações dentro do Onde, e a sua relação com os outros jogadores. Os jogadores narram para si mesmos, não para os outros jogadores. Quando o diálogo for necessário, ele deve ser dito diretamente para o outro jogador, interrompendo a narração. Toda a verbalização é no tempo presente.

Exemplo: Jogador 1 – Amarro meu avental vermelho e branco em minha cintura e pego o livro de receitas com capa de tecido que está sobre a mesa. Sento-me à mesa e abro o livro, procurando uma receita...

Jogador 2 – Abro a porta de tela e corro para a cozinha. Puxa, deixei a porta bater novamente! "Oi, mamãe, o que tem para o jantar?"

Notas: 1. Este exercício pode ajudar a quebrar resistências e preconceitos dos jogadores.

2. Não passe para o próximo jogo até que os jogadores tenham compreendido o foco e este tenha trabalhado por eles.

3. A observação é geralmente impregnada de atitudes pessoais (passado) – ver alguma coisa por meio dos faça/não faça, dos preconceitos, suposições etc. – o oposto de ver simplesmente o que aí está. Apenas ver, aqui e agora! permite ao jogador, seja escrevendo ou falando, abrir portas dentro de si mesmos, que até então estavam cerradas. Permita que o invisível se torne visível. Surpresa!

Verbalizando o Onde, Parte 2

Objetivo: Tornar visível o invisível.
Foco: Em manter a realidade física de *Verbalizando o Onde, Parte 1*.
Descrição: Mesmo time que jogou *Verbalizando o Onde, Parte 1* sentados, agora levantam-se e realizam a cena. Os jogadores não mais verbalizam suas ações como na Parte 1. Os diálogos são ditos apenas quando necessário.
Notas: 1. Se o foco em permanecer no Onde enquanto verbalizavam a cena (Parte 1) trabalhou pelos jogadores, o Onde com objetos no espaço agora deve aparecer perceptível para todos os observadores (o invisível se torna visível).

2. Não é necessário que todos os detalhes que apareceram na narração façam parte da cena realizada.

3. Se a parte narrativa deste exercício tratou daquilo que os jogadores estavam pensando, em vez dos detalhes da realidade física em torno dos jogadores, a Parte 2 pode tornar-se apenas uma "telenovela".

4. Observe a total ausência de dramaturgia (criação de uma história) nas cenas quando aparece a verdadeira improvisação.

**Mantenha o sentido físico do Onde – cheiro, cores, texturas... comunique-o!
Não conte para nós!**

*Jogadores, a primeira parte do jogo ajudou a dar vida para a situação no palco na Parte 2?
A representação da cena foi mais fácil por causa da verbalização? Jogadores da plateia, houve maior profundidade na cena? Havia mais vida do que o normal? Maior envolvimento e relacionamento? Jogadores, vocês concordam?*

ENSAIOS LOCALIZADOS

Via de regra, é melhor programar os ensaios localizados no terceiro período, quando a peça tem forma e fluência definidas. O ensaio localizado é utilizado para dar um tempo especial para trabalhar uma cena problemática que não foi solucionada durante os ensaios regulares. Pode ser uma simples entrada ou uma envolvente cena emocional. Pode ser um problema para solucionar

Embora você possa permanecer horas com uma cena que leva apenas alguns momentos no palco, este trabalho atento com uma pulsação ou trecho enriquece o papel do jogador e traz profundidade para a peça.

uma cena de multidão de forma mais efetiva ou ajudar um ator a explorar e intensificar um longo discurso[3].

Esse tipo de ensaio irá muitas vezes intensificar uma cena que antes era fraca. Deixe que os ensaios localizados afastem você e os jogadores das generalizações e focalizem detalhes mínimos. Esta silenciosa concentração e intimidade entre os jogadores e você produz *insights* mais profundos para todos.

FAZENDO SOMBRA

Fazer sombra é semelhante a um ensaio localizado. O foco é em ajudar o ator a explorar e intensificar o Onde, Quem e O Quê.

Fazer sombra irá ajudar o jogador a visualizar, a estabelecer contato, a movimentar-se. Fazer sombra também dará ao diretor o ponto de vista do ator.

Escolha alguém que necessita de ajuda e acompanhe este jogador de perto no palco. Antes de fazer isso, explique que o foco deve ser mantido, pois se o jogador se divertir ou distrair quando você faz sombra, a ação estará perdida. Fale com o jogador cuja sombra está sendo feita (uma vez que você está muito próximo dele, você pode falar baixinho, sem perturbar os outros) e pegue as ações deste jogador, assim como dos outros:

Force-o a olhar para você! Faça contato! Fisicalize este sentimento! Câmera lenta! Pegue um... (adereço)! Permita que você seja visto! Olhe para fora da janela! Dar/Tomar! Ouça o que está sendo dito! Olhe para o teto!

Como o close *de uma câmera, fazer sombra provoca uma explosão de energia.*

Utilize esta técnica quando fizer o ensaio localizado, depois que os jogadores estiverem com seus papéis o tempo suficiente para que tenha ocorrido algum amadurecimento.

Será útil, durante o ensaio, pedir que os atores façam sombra uns para os outros. Ser sombra intensifica a visão e a audição!

---

3. Veja *Explorar e Intensificar*, p. 69, *Começo e Fim*, p. 67-68 e *Ver a Palavra*, p. 68.

Fazendo Sombra

Objetivo: Criar desprendimento artístico.
Foco: Onde, Quem, O Quê.
Descrição: Divida em subtimes. Estabelecem Onde, Quem e O Quê. O subtime A faz a cena e o subtime B faz a sombra. A planta-baixa deve ser conhecida por todos, atores e sombras. As sombras fazem comentários contínuos dos atores para quem estão fazendo sombra. Durante a atuação, dê a instrução para os subtimes A e B: Troquem!
Exemplo: Onde = quarto. Quem = marido e mulher. O Quê = vestindo-se para sair. Enquanto o subtime A faz a cena, um membro do subtime B faz a sombra do marido e outro faz a sombra da mulher. As sombras devem permanecer próximas do ator e falar baixo, de forma que os outros atores e as outras sombras não ouçam.
Notas: 1. As sombras não devem dirigir, assumir a ação, mas apenas implementar e reforçar a realidade física dos atores com discrição.

2. As sombras podem comentar a ação interior, se desejarem. Se a cena se tornar "telenovela", pare o exercício e faça com que as sombras façam o comentário dos objetos físicos do ambiente.

3. Cuidado: este é um problema bastante avançado e não deve ser dado até que os membros do grupo tenham demonstrado algum grau de ruptura e *insight* em problemas anteriores.

4. Peça para os atores fazerem sombra de seus próprios personagens durante o ensaio.

Por que ela sempre olha para o espelho?
Você está vendo as manchas escuras nos olhos dela?
Você vai deixar que ele vista esta gravata?
O quadro de sua mãe pendurado na parede está torto.
Por que você não a ajuda a fechar o vestido?
Troquem! Troquem!

SAÍDAS E ENTRADAS

O ator deve integrar não apenas a entrada em cena, como também a saída. Deve haver foco intensificado na entrada ou na saída do ator, ainda que seja por um momento apenas. É a precisão no enquadramento de detalhes como esses que dá clareza e brilhantismo à cena.

Entre no palco com o pé direito – uma instrução comumente dada aos atores como uma regra necessária, é usada simplesmente para evitar que os atores se escondam quando entram em cena. Este exercício sugere que há muitas outras formas estimulantes e desafiadoras para encontrar a plateia.

Saídas e Entradas

**Mantenha o movimento de cena!
Não planeje as saídas!
Espere o momento certo!
Sustente a atividade!
Jogue o jogo!
Deixe que as saídas (entradas) surjam de Onde, Quem e O Quê!**

Objetivo: Desenvolver respostas para a vida da cena.

Foco: Fazer saídas e entradas para atingir envolvimento total com os parceiros de jogo.

Descrição: Times de quatro, cinco ou seis jogadores estabelecem Onde, Quem e O Quê. Cada jogador faz tantas saídas e entradas quanto for possível mas cada saída ou entrada deve ser enquadrada de maneira que os jogadores em cena estejam totalmente envolvidos com a entrada ou saída do jogador. Se os jogadores entrarem ou saírem sem o total envolvimento dos parceiros, os jogadores da plateia podem interromper e dizer "Volte!", "Vá para fora!", ou "Você não entrou!".

Notas: 1. Recursos como gritar, bater os pés, pular etc. podem chamar a atenção para o jogador que está chegando, mas não para o envolvimento com o Onde, Quem e O Quê necessário para a continuidade do jogo (processo). No entanto, se os jogadores em cena dão atenção e estão envolvidos com a saída ou entrada do jogador, nenhuma ação é barrada, não importa quão fantástica ela seja. Por isso, se a saída ou entrada envolver Onde, Quem e O Quê, os jogadores podem entrar engatinhando, dançando, sair voando ou entrar com um simples "oi".

2. *Saídas e Entradas* deve deixar organicamente claro a diferença entre chamar a atenção (um jogador isolado) e estar envolvido (parte do todo).

3. Tarefa para casa: peça para os jogadores prestarem atenção em como, muitas vezes, as pessoas (incluindo eles mesmos) ficam mais satisfeitos com a atenção do que com o envolvimento.

Quais foram as saídas e entradas em que houve envolvimento verdadeiro e quais tentaram apenas chamar a atenção?
Jogadores, vocês concordam?

VER O ESPETÁCULO

Surge um momento em que você vê todos os aspectos da produção integrados. De repente, haverá ritmo, caracterização, fluência e uma unidade definida. Muitas cenas ainda estarão longe de serem consideradas terminadas, os figurinos ainda estarão sendo costurados e muitos atores ainda estarão caminhando aos trambolhões, mas parecerá como um trabalho unificado. Agora você deve limpar os pontos ásperos, precisar os relacionamentos, intensificar o envolvimento e fazer alterações...

Poucos diretores ficam completamente satisfeitos com suas produções. Especialmente ao trabalhar com jovens e adultos inexperientes, você deve estar consciente das suas capacidades. Se você não está satisfeito com a produção por causa das limitações de seus atores, deve compreender que nesse estágio de crescimento não se pode esperar mais. Se houver integridade, jogo, vida e prazer na apresentação, valerá a pena assistir seu espetáculo.

Talvez você veja esse espetáculo unificado por um instante e não o veja mais durante alguns ensaios. Isto, porém, não é motivo para preocupar-se. Ele estava ali, diante de seus olhos, e voltará.

Quando tiver atingido este insight *do seu espetáculo, deve aceitá-lo mesmo sentindo que ele poderia ser diferente.*

O MEDO DO PALCO NO DIRETOR

Se você não aceitar seu espetáculo neste momento, seus próprios problemas emocionais irão passar para seus

O próprio processo de montar um espetáculo traz bastante excitamento natural. Se você

acrescentar um sentimento de histeria a isso, os atores irão incorporá-lo.

Uma forma de prevenir o medo do palco é integrar os aspectos técnicos no espetáculo nos últimos ensaios.

A plateia só sabe aquilo que os atores lhes mostram.

atores. Agora você está ficando com medo do palco, preocupado se a plateia vai aceitar e gostar do espetáculo. Este sentimento deve ser ocultado dos atores.

Durante esse período você pode ficar mal-humorado. Explique isso para os atores, prevenindo-os de que você poderá ser rude durante a integração dos aspectos técnicos. A resposta será de muita empatia. O diretor que se preocupa com os atores até o último minuto, esperando extrair deles mais alguma coisa, não ajudará o espetáculo de forma alguma.

O ENSAIO CORRIDO ESPECIAL (CORTANDO O CORDÃO UMBILICAL)

Para a plateia não há erros no palco, pois geralmente não conhece o texto ou a ação da peça. O jogador nunca precisa deixar a plateia saber quando algo está errado.

O ensaio corrido especial deixa o elenco completamente à vontade. Desenvolvido para atores crianças, ele funciona muito bem para adultos também. Ele é realizado como segue. Durante um dos ensaios corridos regularmente programados (um pouco antes do ensaio com figurinos) diga ao elenco que no caso de uma falha de qualquer ator (riso, esquecimento de texto etc.) o elenco todo deve encobri-lo e manter a cena em andamento. Caso falhem em dar cobertura, todos voltarão ao início do ato. Se, por exemplo, um ator falhar justamente no final do segundo ato e ninguém encobrir, o diretor calmamente dá a instrução "Do início do segundo ato novamente, por favor!". Os atores devem voltar para o início daquele ato.

Depois de alguns "do início novamente" você notará o elenco cair em cima do sujeito que fez o erro. Lembre a todos que eles são igualmente responsáveis por manter o espetáculo em andamento e que eles devem encobrir os parceiros em caso de dificuldade.

Esta é a mais completa expressão da experiência do grupo. Os jogadores individuais devem estar muito disciplinados, pois agora eles são diretamente responsáveis pelo grupo (a peça). Ao mesmo tempo dá um profundo sentimento de segurança para o jogador saber que, não importa o que aconteça em cena, e qualquer que seja a crise ou perigo, o grupo virá em seu auxílio pelo bem do espetáculo.

O ensaio corrido especial é muito excitante para os jogadores e mantém todos atentos e alertas para o momento era que se torna necessário encobrir um parceiro. Depois de um ou dois ensaios, o espetáculo continuará, ainda que o teto desabe.

A presença do diretor durante o ensaio-corrido especial não é para ameaçar ou punir, mas simplesmente para funcionar pela última vez como parte do jogo. O ensaio corrido especial corta o cordão umbilical entre o diretor e os jogadores.

A MAQUIAGEM E O ATOR

Este é um bom momento para sessões de maquiagem dos personagens, especialmente se a peça for uma fantasia que requer algo pouco comum. O tempo gasto em aplicar a maquiagem e em permitir que os atores experimentem, auxiliará o trabalho no palco. Da mesma forma que as falas devem ser incorporadas pelo jogador, assim também deve ocorrer com a maquiagem. É melhor deixar todos os atores desenvolverem sua própria maquiagem com a assistência de um artista mais experiente, do que deixar que ela seja aplicada por outros[4].

Depois de uma ou duas sessões, peça para que os atores façam quadros de sua própria maquiagem para ter como referência. Se a maquiagem for tratada como um fator de desenvolvimento no processo da experiência teatral, até as crianças com seis anos de idade podem aprender. A maquiagem assim como o figurino, deve ser tratada

Era comum ver na Young Actors Company uma criança de sete anos ajudando outra de cinco anos a aplicar a maquiagem, embora soubéssemos que em casa aquela criança de sete anos mal soubesse pentear-se sozinha.

---

4. Veja na página 29 um exemplo de como um palhaço ajudou um grupo de atores. Muitas companhias profissionais trazem especialistas em maquiagem.

com desenvoltura e convicção. Não deve ser usada pela primeira vez no dia da estreia.

A maquiagem não deve mascarar o ator ou fazer um rosto ficar bonito, criando uma fachada para esconder-se. Reconheça a maquiagem como uma extensão do personagem, não a base para ele. Elimine a maquiagem pesada, particularmente para atores jovens que interpretam papéis de personagens velhos. Isto faz com que os atores pensem em si mesmos como atores, e força-os a confiar em suas habilidades de interpretação.

O DESFILE DE FIGURINOS

O desfile de figurinos pode auxiliar a transformar a última semana em um momento alegre e relaxado, em vez de ficar carregado de ansiedade.

É recomendável fazer o desfile de figurinos junto com um ensaio de maquiagem. Em poucas palavras, o desfile é apenas isto: um grupo de atores, completamente vestidos e maquiados de forma que você possa ver como estão sob os refletores. As mudanças podem ser feitas rapidamente se necessário, e tudo deve ser examinado para ver se está em ordem, confortável etc. Se não houver tempo para um desfile de figurinos isolado, ele pode ser feito em combinação com um ensaio. Programe-o, se possível, para um momento em que os atores estejam livres de outras preocupações. Este tempo não deve ser estrangulado. Talvez você necessite de algumas horas para completar o desfile de figurinos, dependendo do tipo de espetáculo e do número de integrantes do elenco.

O PRIMEIRO ENSAIO COM FIGURINO

Há uma velha superstição no teatro que diz que "um péssimo ensaio com figurino significa um bom espetáculo". Esta é uma desculpa óbvia para evitar que as pessoas fiquem desencorajadas.

O primeiro ensaio com figurino deve realizar-se num clima mais livre de tensão e histeria quanto possível, apesar de toda a confusão que ele possa trazer. Este primeiro ensaio com figurino pode parecer um pouco sem vida, mas essa queda parcial é melhor do que um ensaio caótico.

Sob nenhuma circunstância interrompa o primeiro ensaio com figurino, uma vez iniciado. Assim como nos ensaios corridos, o diretor deve tomar notas durante o ensaio e ter uma conversa com o elenco ao final de cada ato para discutir linhas de visão, cenas ásperas etc. Limite-se a discutir aquelas coisas que podem ser alteradas, sem destruir o trabalho já realizado. Você deve ter fé em si mesmo e em seus atores. O primeiro ensaio com figurino é geralmente desencorajador para qualquer peça, mas a ele seguirá um segundo ensaio para unificar o espetáculo. O segundo ensaio com figurino, assim como a pré-estreia, deve realizar-se na presença de uma plateia de convidados.

Certa vez uma diretora de teatro amador visitou a Young Actors Company durante um ensaio com figurino. Ela ficou surpresa ao ver o diretor deprimido por causa do mal ensaio com figurino. "Você deveria sentir-se orgulhoso", ela disse. "Seus atores sabem todas as suas falas de cor!" É de fato muito triste quando saber as falas de cor determina toda a qualidade do espetáculo.

Se você não "tem um espetáculo pronto" no primeiro ensaio com figurino, você não chegará a tê-lo exigindo demais dos atores nas últimas horas de ensaio antes da estreia.

A APRESENTAÇÃO

A apresentação leva à fruição de todo o processo criativo de fazer uma peça e a plateia deve ser envolvida neste processo. A plateia é o último raio que completa a roda, e sua relação não apenas com a peça mas também com a atuação é da maior importância. A resposta da plateia pode ajudá-lo a avaliar a sua produção.

Ninguém deve usar uma plateia para a autoglorificação ou por razões exibicionistas. Se isto ocorrer, tudo aquilo por que você e seus atores trabalharam será destruído. Por outro lado, se o conceito de compartilhar com a plateia estiver compreendido, os atores farão apresentações excitantes[5].

A marca de um bom ator é a sua resposta para a plateia. É aconselhado fazer tantas apresentações quanto possível, para permitir que esta resposta seja desenvolvida pelos jogadores.

Lembre-se de esforçar-se para obter uma apreciação da peça como um todo e não apenas de um ou dois atores, ou do cenário, ou da iluminação, ou dos efeitos técnicos.

5. Veja Contato com a Plateia, p. 83.

A risada da plateia muitas vezes leva o ator a perder o foco. Isto distorce a relação do jogador com o todo, uma vez que cada apresentação se torna um meio para atingir novamente o riso. Neste caso o ator estará trabalhando apenas em função do aplauso. Se persistir, o diretor terá de alguma forma falhado com o ator[6].

PONTOS DE OBSERVAÇÃO

1. Durante a apresentação, mantenha-se afastado dos bastidores. Tudo deve estar tão bem organizado para que se desenrole suavemente sem você.
Sempre poderão ser enviados recados para os bastidores, se necessário.
2. Certifique-se de que os figurinos estejam sempre bem abotoados e caiam bem. Se um corredor ficar preocupado se seu calção está bem preso ou não, ele não se sentirá livre para correr!
3. Esteja relaxado e seja simpático com o elenco se tiver que entrar no camarim.
4. Faça um ensaio corrido entre as apresentações. Se isso não for possível, uma breve conversa depois de cada apresentação irá ajudar a eliminar as pequenas asperezas ou descuidos que possam aparecer aqui e ali.
5. Uma rápida passada das falas antes das apresentações poderá ser necessária de tempos em tempos.
6. Os ensaios para pegar deixas realizados durante a temporada ajudam os atores a manter o foco nos problemas da peça e evitam que se tornem preguiçosos e generalizantes. Os ensaios também trazem uma clareza maior das falhas aleatórias e intensificam o bom trabalho que já existe.
7. Os jogadores devem aprender a permitir que a plateia dê risada. Comece cedo com a simples regra de per-

---

6. Veja Criando Bolor, p. 95.

mitir que o riso atinja o seu ápice e então, seja tranquilizado por meio de um gesto ou movimento, antes de iniciar a fala seguinte.
 8. A disciplina nos bastidores deve ser estritamente observada em todos os momentos.
 9. Se todos os fatores permitirem, os atores irão crescer em estatura durante as apresentações. O palco é a chapa de raio X onde tudo que é estrutural aparece. Se a peça for apresentada displicentemente, se os seus ossos forem fracos, isto será visto como qualquer objeto estranho que aparece numa chapa de raio X. As caracterizações e relacionamentos falsos e desonestos ficarão aparentes. Isto pode ser explicado e enfatizado para os atores sempre que necessário.
10. As oficinas e os ensaios podem não produzir o completo amadurecimento dos atores no primeiro espetáculo, mas todos estarão a caminho de atingi-lo.
11. Se, no final da temporada, os atores decidirem "matar" o espetáculo, lembre-os de que o último espetáculo deles é o primeiro espetáculo da plateia. O prazer deve vir da apresentação em si e não de brincadeiras baratas e infantis com os companheiros de palco.

7. Jogos para a Continuação dos Ensaios

Muitas facetas de sua produção desenvolvem-se simultaneamente. Quais jogos escolher? Lembre-se, o personagem está ligado à emoção, ao relacionamento. Ao trabalhar com um aspecto, desenvolvemos o outro. No entanto, alguns jogos podem ser utilizados com objetivos específicos.

A interação entre os atores e o diretor (plateia) produz alta fluência de energia. Esta interação é produzida pela conexão entre os atores no espaço (palco) provocado pelo foco do jogo e através de instruções habilidosas.

Intercalar jogos teatrais em um ensaio que não está levando a lugar algum traz revigoramento tanto para os atores como para você. Embora durante a maior parte do tempo você esteja selecionando jogos que ajudam a solucionar os problemas da peça, algumas vezes jogos independentes da peça geram energia nos atores e auxiliam o processo de amadurecimento ou o ensaio. Em todo ensaio deveria ser usado pelo menos um jogo teatral.

Ao usar os jogos teatrais, todos os adereços e cenários devem ser objetos do espaço, e não objetos reais, materiais. Para a área de jogo necessita-se apenas de algumas cadeiras ou bancos. Longe de ajudar a tornar visível o invisível, esses objetos do espaço podem ser colocados para uma utilização extravagante ou exótica.

JOGOS DE PERSONAGEM

Se desejamos que um papel seja verdadeiramente feito, o personagem não poderá ser definido através de uma preleção, a qual acontece independente do envolvimento com a ação cênica.

Embora possa ser tentador apresentar e discutir o personagem nos ensaios iniciais, é melhor esperar até que os atores pareçam estar plenamente em contato uns com os outros e envolvidos com o texto. O personagem só pode crescer a partir do envolvimento pessoal com a vida de cena.

Atenção prematura para o personagem em um nível verbal pode atirar o ator num desempenho de papel estático (interpretação), impedindo relações em movimento com os parceiros. Em lugar de sair para o ambiente da cena, o ator estará interpretando necessidades e sentimentos particulares, pessoais, estará espelhando o eu e estará dando uma interpretação do personagem, realizando um exercício intelectual.

O personagem deve ser usado pelo ator, para intensificar a comunicação teatral, e não para se retrair.

Isto será rapidamente descoberto no jogador inexperiente, mas é muito mais difícil de ser captado no ator mais esperto e habilidoso. Evite que os jogadores "interpretem" (façam *performance*) em seu trabalho inicial, interrompendo o ensaio, se necessário. Pergunte-lhes: "Vocês estavam interpretando?"

Pode um ator assumir as qualidades físicas exteriores para atingir o sentimento do personagem ou ele/ela deve trabalhar sentimentos para atingir as qualidades físicas? Às vezes, uma atitude ou expressão física nos ajuda a dar um salto intuitivo.

Durante os ensaios iniciais, evite discutir o personagem, exceto da maneira mais casual, a partir de uma simples base do Quem (relacionamento)[1]. Lembre-se: como a maioria dos atores sabem que o personagem é a essência do teatro, esta ausência de uma discussão direta sobre o personagem poderá confundir, até que todos vejam o personagem emergir da vida da cena e de suas relações, e percebam que "interpretar" coloca uma parede em torno do ator. O ator deve ver e relacionar-se com o parceiro-ator e não com um "personagem". Nós jogamos futebol com um outro ser humano, e não com os uniformes que estão vestindo.

---

1. Veja os jogos do *Quem*, p. 118-120.

Desenvolver um personagem é a habilidade de intuir uma essência do ser humano complexo. Esta capacidade para mostrar a essência salta espontaneamente de dentro – é diferente da descrição detalhada do todo.

Como é melhor pensar no ator desta forma – como um ser humano trabalhando com uma forma de arte e não com alguém que mudou de personalidade para o bem de um papel em uma peça!

O conjunto de jogos teatrais que segue, lida com o problema do personagem a partir de uma base física e estrutural, a partir da qual o personagem pode emergir. Absorva os jogos do *Quem* cuidadosamente para estar apto a apresentá-los no momento em que eles possam ser mais efetivos, como uma série de passos simples em direção ao desenvolvimento do personagem.

Uma pessoa torna-se a expressão física da sua atitude diante da vida. Quantos de nós são capazes de identificar um médico, um relações públicas, um professor ou um ator em uma multidão?

VISUALIZAÇÃO FÍSICA

O uso de imagens para atingir a qualidade de um personagem é um recurso antigo e muito experimentado, e pode às vezes trazer uma dimensão totalmente nova para o papel que o ator está fazendo. As imagens podem ser baseadas em quadros ou quaisquer objetos, animados ou inanimados, que o ator escolher.

Essas imagens devem ser usadas apenas quando o desenvolvimento do personagem não evoluiu a partir da relação em cena. Os atores que já têm alguma experiência com esta forma de trabalho, ficam ansiosos para iniciar o trabalho com o personagem imediatamente, e às vezes se põem a tomar imagens individualmente, sem que o diretor saiba. Isto pode se tornar uma séria desvantagem, pois o diretor e o ator podem entrar em posição de confronto um com o outro.

Utilizar imagens é, no entanto, útil em situações de emergência. Certa vez, por exemplo, pediu-se que uma menina assumisse um papel em poucas horas, por causa de

O diretor pode estar trabalhando para livrar-se dos próprios maneirismos a que o ator está se prendendo por causa das imagens que o ator criou.

uma doença repentina de um dos atores. Durante o ensaio, ficou logo evidente que ela não conseguia desvencilhar-se das características do personagem que ela estava fazendo em outra peça – uma menina tímida e assustada. O novo papel era de uma mulher esnobe e falante. Ao sugerir que ela assumisse a imagem de um animal, mais especificamente de um peru, o diretor capacitou-a a projetar as qualidades necessárias para o papel quase que imediatamente[2].

Baú Cheio de Chapéus

Objetivo: Ajudar o jogador a estabelecer rapidamente um personagem (Quem).

Foco: Em selecionar rapidamente peças de figurino para dar qualidade ao personagem.

Descrição: Times de dois ou mais jogadores. Este jogo pode ser jogado de duas maneiras: os jogadores estabelecem Onde, Quem, O Quê, e depois selecionam peças de figurino do baú para realizar a cena. Os jogadores também podem escolher peças de figurino ao acaso, deixando que os figurinos sugiram as qualidades de personagem e estabelecendo o Onde, Quem e O Quê, a partir da seleção.

Nota: O baú é simples – ele é constituído de tantos figurinos e acessórios quantos você conseguir colecionar: velhos paletós, um chapéu de cozinheiro, uma boina de marinheiro, um cocar, elmos, chalés, capas, cobertores, lençóis, asas de papel, rabos para animais, luvas, bengalas, óculos, cachimbos, guarda-chuvas etc. Pendure as roupas, lençóis e cobertores em cabides, e coloque o baú cheio de chapéus ao lado. Velhas gravatas podem ser usadas como cintos, tornando possível usar roupas de qualquer tamanho.

Compartilhe a sua voz!
Mantenha os objetos no espaço – fora da cabeça!
Mostre! Não conte!
Deixe que as qualidades do personagem o sustentem!
Seja parte do todo!
Tem mais um minuto de jogo!

(Para os jogadores na plateia)
As peças de figurino ajudaram ou atrapalharam o Onde, Quem e O Quê dos jogadores?
Jogadores, vocês concordam com os jogadores da plateia?

---

2. Veja Imagens de Animais em *Improvisação para o Teatro*, p. 236-238.

Variação: Certa vez os jogadores selecionaram ao acaso os figurinos e a plateia estabeleceu o Onde, Quem e O Quê.

QUE IDADE TENHO?

Objetivo: Estabelecer a primeira orientação para criação de personagem.
Foco: Mostrar a idade escolhida.
Descrição: Estabeleça um Onde simples, como um ponto de ônibus com um banco em cena. Cada jogador trabalha sozinho com o problema. Se o tempo for curto, cinco ou seis jogadores podem estar no ponto de ônibus ao mesmo tempo. No entanto, os jogadores não devem interagir. Cada jogador escolhe uma idade determinada (escrevendo-a num pedaço de papel e entregando-a para o diretor antes de iniciar o jogo). Os jogadores entram em cena e, enquanto esperam pelo ônibus, mostram para a plateia que idade têm.
Nota: Os jogadores terão a tendência a atuar a partir de seus velhos quadros de referência, o que é esperado neste jogo. Jogue *Que Idade Tenho? Repetição*, p. 120, na mesma sessão se possível, para que os jogadores descubram a diferença entre "interpretar" e permitir que o foco trabalhe por eles.

Mostre-nos a sua idade!
O ônibus está a meia quadra de distância!
Ele está se aproximando!
Ele chegou!
(Se você desejar que o jogador explore
outras possibilidades): **Ele parou no tráfego! O sinal fechou!**

Que idade tinha o jogador?
Jogador, você concorda com os jogadores na plateia?

O QUE FAÇO PARA VIVER?

Objetivo: Mostrar a disponibilidade de recursos ocultos.
Foco: Profissão/Ocupação escolhida.
Descrição: Times de cinco ou mais. Cada jogador escolhe uma profissão/ocupação, escreve-a num pedaço de papel e a entrega para o diretor. O jogador entra em cena e espera, focalizando a profissão/ocupação. Os jogadores não conhecem um ao outro e evitam o diálogo.

Sinta a ocupação com o corpo todo!
Mãos! Pés! Pescoço!
(Quando as ocupações começaram a aparecer):
Continue repetindo sua profissão!
O ônibus está se aproximando!

Quais eram as ocupações? Os jogadores mostraram ou contaram? Jogadores, vocês concordam? E apenas por meio da atividade que podemos mostrar o que fazemos para viver?
A estrutura corporal se modifica em algumas profissões (médico ou operário)?
E a atitude que cria a mudança? E o ambiente de trabalho?

Notas: 1. A avaliação pode provocar *insight* sobre a fiscalização do personagem. No entanto, ela deve ser o mais casual possível. Os outros jogos que seguem permitirão outros *insights* sobre o personagem.

2. Piadas, "superatuação" e brincadeiras evidenciam resistência ao foco.

3. Dê alguns minutos para que os efeitos do foco se tornem manifestos.

Variação: Misture as ocupações e entregue-as aleatoriamente para os jogadores antes de entrarem em cena.

Quem Sou Eu?

Objetivo: Criar um personagem mostrando, não contando.
Foco: Envolvimento com a atividade imediata até que o Quem seja revelado.
Descrição: Grupo todo ou grandes times. Um dos jogadores é voluntário para sair da sala, enquanto o grupo decide quem o jogador vai ser. Por exemplo: um sindicalista, cozinheiro do Vaticano, treinador de circo etc. – é ideal que seja alguém que normalmente é cercado por muita atividade ou tenha uma vida institucional. Então, pede-se que o jogador que saiu volte e sente-se em cena enquanto os outros, um de cada vez, ou em pequenos grupos, estabelecem uma relação com o Quem e fiquem envolvidos com a atividade adequada, até que o Quem se torne conhecido.

Não procure adivinhar Quem você é!
Deixe que apareça!
Não assuma nada!
Estabeleça relação com o que está acontecendo!
Estabeleça relação com os parceiros!
Não faça perguntas!
Quem você é será revelado!
Outros jogadores, não deem dicas!
Mostre! Não conte!
Não entregue o jogo!
Não tenha pressa! Espere!

Notas: 1. O problema mais difícil de Quem Sou Eu? é evitar que o primeiro jogador o transforme num jogo de charadas e que os outros jogadores deem pistas. O Quem irá emergir se o jogador permanecer aberto (esperando) para o que está acontecendo, envolvido com uma atividade imediata.

2. Deve-se evitar a escolha de personagens famosos ou históricos até que o grupo esteja familiarizado com o exercício.

3. O exercício alcança seu final natural quando o primeiro jogador (aquele que saiu da sala) mostra através de palavras e ações que o Quem apareceu. Os jogadores podem, no entanto, continuar a cena quando o Quem for revelado.

O jogador tentou adivinhar o Quem ou esperou que fosse comunicado através da relação?
Jogador, você concorda? Você apressou a descoberta?

JOGO DO QUEM Nº 1

Objetivo: Mostrar, e não contar o personagem.
Foco: Permitir que quem você é, revele-se por si mesmo.
Descrição: Dois jogadores, A e B. A está sentado em cena. B entra. B tem uma relação de personagem predeterminada com B, mas não contou para A qual seja. Através da maneira como B relaciona-se com A, A descobre-se quem é.
Notas: 1. O jogo termina quando A descobre o Quem. Mas se o tempo permitir, continue se houve envolvimento entre os jogadores.

2. Depois da avaliação, troque as posições deixando que A escolha um relacionamento com B.

3. Se os jogadores contarem em lugar de mostrar, peça para os jogadores utilizarem a *Blablação*, p. 76-77.

**Mostre o Onde!
Não faça perguntas!
Espere! Não tenha pressa!
Deixe que Quem você é se revele por si mesmo!**

O jogador B mostrou ou contou o relacionamento?
O jogador A antecipou o Quem ou deixou que o Quem se revelasse?

JOGO DO QUEM Nº 2

Objetivo: Mostrar o personagem através de expressões faciais.
Foco: Manter várias qualidades faciais ao passar pelo Onde, Quem e O Quê.
Descrição: Times de dois ou mais jogadores. Estabelecem Onde, Quem e O Quê. Os jogadores devem escolher um relacionamento ou atividade simples como marido/mulher assistindo TV. Peça para cada um escrever

em um pedaço de papel uma lista de expressões faciais e as descrições dessas expressões. As descrições devem ser mais emocionais do que estruturais. Então os jogadores devem fazer tiras de papel – uma para cada expressão facial. Por exemplo:

lábio inferior – triste	lábio superior – petulante
ponta do nariz – inquisitiva	narinas – enfezadas
olhos – alegres	sobrancelhas – serenas
testa – autoritária	queixo – beligerante
forma do rosto – bonachona	

Quando os pedaços de papel estiverem completos, separe-os por expressões faciais e coloque os papéis em pilhas. Deixe que cada jogador pegue um papelzinho de cada pilha. Os jogadores devem assumir tantas descrições quantas desejarem e mantê-las enquanto passam pela cena.

Parte 2: Jogue o jogo fazendo com que as qualidades estruturais acompanhem as expressões faciais.

narinas – sinuosas	bochechas – ocas
olhos – líquidos	lábio superior – duro
sobrancelhas – pesadas	testa – caída
queixo – dobrado	nariz – agudo

Nota: Será útil providenciar espelhos para que os jogadores possam observar as características físicas quando as assumirem pela primeira vez.

QUE IDADE TENHO? REPETIÇÃO

Objetivo: Surpreender o intuitivo.
Foco: Na idade escolhida apenas.
Descrição: Os jogadores trabalham individualmente com o problema, mas podem estar em cinco ou seis no ponto de ônibus ao mesmo tempo. O jogador permanece sentado ou em pé calmamente esperando pelo ônibus,

---

Jogadores, manter esses aspectos físicos fez com que vocês se sentissem mecânicos?
Vocês obtiveram novos insights? *Plateia, algum dos jogadores mostrou alguma nova qualidade de personagem? As qualidades faciais pareciam integradas com a cena?*

Sinta a idade com os pés! Com o lábio superior!
Deixe que sua espinha conheça a idade!
Os olhos!
Envie a idade como se fosse uma mensagem para o corpo todo!

focalizando a idade escolhida. Quando for o momento, aquilo que é necessário para solucionar o problema irá emergir para ser utilizado pelo jogador.

Notas: 1. É difícil para os jogadores acreditar que a mente branca (livre de preocupações) é o que estamos buscando. Se o foco estiver na idade corporal apenas, todos terão uma experiência única à medida em que os jogadores se tornam mais velhos e mais jovens, diante de seus olhos!

2. Naturalmente, muitos se prenderão a qualidades de personagem e desempenho de papéis em vez de deixar que as coisas aconteçam. Observe o relaxamento muscular e os olhos brilhantes quando novas fontes de energia e compreensão são descobertas.

3. Todos nós temos armazenados vários personagens. Repetir a idade é um sinal enviado a este vasto armazém, e deixar que o foco trabalhe por nós envia-nos uma qualidade de personagem adequada para o nosso corpo. Sistemas de memória ocultos são despertados. Deixe que as informações emerjam.

Exercício para as Costas Nº 1

Objetivo: Comunicação com o corpo todo.
Foco: Utilizar as costas para mostrar sentimento ou estado de ânimo.
Descrição: Um jogador, individualmente, escolhe uma atividade que exige estar sentado, de costas para a plateia, como por exemplo: tocar piano, fazer lição de casa etc. O jogador deve comunicar o sentimento ou a atitude apenas com as costas.
Nota: Faça uma introdução para este jogo, pedindo para os jogadores ficarem em pé de frente para o grupo. Um fica de frente, outro de costas. Peça para o grupo enumerar as partes do corpo que podem ser usadas para comunicação. Peça para os jogadores movimentarem a parte designada.

(Quando a idade aparecer):
O ônibus está a uma quadra de distância!
Repita a idade de novo, de novo!
Observe! Deixe que o foco trabalhe por você!

Que idade tinha o jogador? Jogador, você concorda com os jogadores na plateia?
A idade estava na sua cabeça? Ou no corpo?

Mantenha o sentimento nas costas! Não no rosto!

De frente: testa, sobrancelhas, olhos, bochechas, nariz, boca, língua, ombros, peito, estômago, mãos e pés, joelhos etc.

Os jogadores mostraram com as costas? Poderiam ter encontrado maior variedade no movimento? Eles comunicaram o Quem? A idade?

De costas: cabeça (partes que não se movem), ombros, tronco, (massa sólida), nádegas, calcanhares, barriga da perna (partes comparativamente imóveis). Compare o número de partes móveis (comunicativas) do corpo quando estão de frente e de costas para a plateia.

Exercício para as Costas nº 2

**Mostre com as costas!
Utilize as costas por inteiro!
Sinta com as costas!**

Objetivo: Comunicar com o corpo todo.
Foco: Mostrar um sentimento ou estado de espírito com as costas.
Descrição: Times com qualquer número de jogadores estabelecem Onde, Quem e O Quê, realizado com as costas para a plateia, sem diálogo.
Exemplo: Assistindo um jogo ou uma luta; uma sala de espera.
Notas: 1. Não espere muito de início. Apenas os jogadores que têm maiores habilidades naturais serão capazes de fazer uma expressão completa. Com o tempo, todos os jogadores irão comunicar com as costas.

*Eles comunicaram Onde, Quem e O Quê?
Os jogadores sustentaram o foco?
Poderia ter havido maior variedade de expressão?*

2. Os jogadores podem ser conscientizados que a regra "Não dê as costas para a plateia" é empregada no teatro apenas para prevenir a perda de comunicação (compartilhar) com a plateia.

3. Este exercício é útil para o ensaio de cenas de multidão.

Sustente! Nº 1

Deixe que a atitude afete o seu queixo, olho, ombro, boca, mãos e pés!

Objetivo: Mostrar como a atitude afeta o personagem.
Foco: Manter uma expressão facial e corporal dentro de uma sequência de Onde, Quem e O Quê.

Descrição: Quatro jogadores (é aconselhável fazer a divisão de atores e atrizes). Peça para os jogadores sentarem em cena. Peça para cada um deles fazer uma breve declaração de atitude, como: "Ninguém me ama", "Eu nunca me divirto", "Nunca encontrei uma pessoa de quem não gostasse", "Gostaria de ter coisas bonitas". Os jogadores devem trabalhar para atingir uma expressão facial e corporal completa de sua frase. Quando isto for atingido e aparecer a expressão corporal, dê a instrução *"Sustente!"*. Os jogadores recebem instruções de uma sequência de Ondes, Quens e O Quês. Os jogadores devem manter a expressão física da atitude através de todas as mudanças.

Exemplo: Dê instruções para o mesmo grupo para que passem pela escola maternal, escola primária, festa de formatura, um encontro de namorados, festa no escritório, encontro para jogar cartas, lar de velhos – os eventos que identificam as várias fases da vida.

As expressões básicas (atitudes) foram mantidas ainda que tenha havido alterações em cada evento (cena)? Como essas atitudes afetaram os relacionamentos? A maneira de falar?

SUSTENTE! Nº 2

Objetivo: Mostrar personagem e emoção através de atitudes.

Foco: Manter uma expressão física ou qualidade corporal através de uma sequência de Onde, Quem e O Quê.

Descrição: Times de dois ou mais jogadores. Cada jogador assume uma expressão corporal, como ombros corcundas, queixo beligerante, boca petulante, testa caída, olhos fixos, andar de pata choca, andar firme e agressivo, estômago flácido etc. Então, os jogadores estabelecem Onde, Quem e O Quê e realizam a cena mantendo a expressão física ou qualidade corporal escolhida.

Nota: O jogo *Sustente!* sugere aos jogadores que as emoções subjetivas e sua expressão física estão intimamente ligadas.

**Sustente! Sustente!
Compartilhe com a plateia!
Sustente!**

*As características físicas influenciaram as atividades dos jogadores dentro do Onde, Quem e O Quê?
Jogadores, vocês concordam?*

Espelho com Penetração

Reconstrua seu nariz como o do parceiro!
Maxilar! Testa!
Mudem o espelho!
Focalize o lábio superior do parceiro!
Mantenha a discussão!
Modifique a linha do seu queixo! Seu maxilar!
Mudem o espelho!
Exagere os ossos faciais!
Continue conversando!
Modele a sua face para parecer como a de seu parceiro!
De dentro para fora!
Compartilhe a sua voz!

Você penetrou a estrutura facial ou simplesmente refletiu a expressão e o movimento?
Plateia, vocês concordam com os jogadores?

Objetivo: Desviar os jogadores da síndrome bem/mal e libertá-los para a fala improvisada.
Foco: Reestruturar seu rosto de dentro para fora para parecer-se com o outro.
Descrição: Os jogadores formam pares ou escolhem parceiros que tenham rostos estruturalmente diferentes dos seus. Cada time de dois jogadores estabelece um relacionamento simples (marido/mulher etc.) e escolhem um tópico para discussão ou argumentação. Os jogadores sentam-se, um de frente para o outro, e iniciam a conversa. Quando o diretor chamar o nome de um dos jogadores, este assume a estrutura facial de seu parceiro enquanto continua a discussão. Quando chamados, os jogadores não devem refletir o movimento e a expressão da face do parceiro como nos jogos de espelhos anteriores[3], mas devem procurar reestruturar a sua face para parecer com a do parceiro. Quando o nome do parceiro é chamado, o primeiro jogador volta à sua própria estrutura facial. Os jogadores devem continuar a discussão sem interrupção enquanto o diretor modifica o "espelho" frequentemente.
Notas: 1. Os jogadores são lançados em um relacionamento explícito de conversação. Contudo, os dois parceiros devem estar tão ocupados com a penetração e em reestruturar o seu rosto que o problema do diálogo deixa de ser um problema.

2. No início os jogadores mostrarão pouca modificação física no rosto. Este jogo tem valor apesar deste aparente resultado modesto, pois força o jogador a olhar e ver.

3. Os jogadores devem penetrar os rostos, um do outro, para remodelar o seu próprio para parecer com o do outro.

---

3. Veja *Espelho, Quem é o Espelho?, Siga o Seguidor*, p. 38-39.

Transformação de Relacionamento

Objetivo: Propiciar aos jogadores a excitante experiência de jogar com relacionamentos que são constantemente transformados.

Foco: Movimento, interação constante, relação entre os jogadores através de uma série de relacionamentos que se transformam.

Descrição: Dois jogadores iniciam o jogo com um determinado relacionamento (Quem). Por exemplo: médico examinando paciente. No decorrer do jogo eles deixam que o Quem se transforme em novos relacionamentos, um após o outro. Os jogadores não devem iniciar a mudança (inventá-la), mas devem "deixar acontecer". No decurso dos relacionamentos que se transformam, os jogadores podem tornar-se animais, plantas, objetos, máquinas, e entrar em qualquer espaço e tempo.

Notas: 1. Quando os jogadores são surpreendidos em um evento (cena) e estão desempenhando papéis, dê a instrução: Sejam o espelho um do outro!, para ajudar a reestabelecer a relação entre os jogadores e a voltar para o foco.

2. Os relacionamentos em transformação revelam um evento (cena) em microcosmo antes de mudar. A tendência é permanecer com o novo evento (cena) mas o momento em que ele emerge é também o momento de transformação. Por exemplo, se um médico examina um paciente, o estetoscópio que é o objeto entre os jogadores, pode se transformar em uma cascavel ou um lençol, e os jogadores então passam a estar em um novo Onde, Quem e O Quê.

3. O diálogo deve ser mínimo pois Transformação de Relacionamento exige muito movimento corporal para que a transformação emerja. Poderão aparecer sons – grunhidos, gritos etc. O som nesse caso faz parte

**Transforme!
Siga o seguidor!
Seja o iniciador!
Permaneça com esse som! Com este movimento! Este olhar!
Explore esse objeto que está entre os dois!
Utilize o corpo todo!
Intensifique esta ação!
Movimento! Transformação!
Movimento! Transformação!**

Jogadores, vocês inventaram ou deixaram acontecer? Vocês mantiveram o foco na relação ou foram surpreendidos no evento ou cena, ou relacionamento (papel)? Plateia, vocês concordam?

da energia que aparece e continua sendo movimento corporal, enquanto o diálogo (neste exercício) pode interromper o processo ao lidar com ideias, em lugar de energia física e pode levar ao desempenho de papéis. O objetivo é o movimento, a interação, a transformação!

4. A instrução deve ser dada com um nível de energia extremamente alto.

JOGOS PARA OUVIR/ESCUTAR

Não deixe os jogadores excessivamente conscientes da variação da fala. Os jogos *Vogais e Consoantes*, *Diálogo Cantado*, p. 44-45, limpam organicamente a fala. Para citar Marguerita Herman, coautora, com seu marido Lewis, de manuais sobre dialetos: "A não ser que o aluno tenha problemas básicos de fala, não se deve forçar nenhuma grande mudança na pronúncia. Tudo o que se precisa é limpeza e afinação".

Espelho e Som

Não interrompa!
Observe seu sentimento corporal/físico ao espelhar o som do seu parceiro de jogo!
Trocar o espelho!
Sem intervalo de tempo!
Mantenha a fluência dos sons!
Sinta como o seu corpo se sente ao refletir o som!
Troca!
Sinta suas pernas! Suas mãos! Seus ombros!
Troca!

Objetivo: Comunicação oral, mas não verbal.
Foco: Espelhar os sons do parceiro.
Descrição: Times de dois jogadores. Os jogadores ficam sentados, um de frente para o outro. Um dos jogadores é o iniciador e produz os sons. O outro jogador é quem reflete e espelha os sons. Quando for dada a instrução: Troca!, os jogadores invertem as posições. Aquele que refletia passa a ser o iniciador. O que era iniciador passa a ser o refletor que espelha os sons do novo iniciador. As trocas devem ser feitas sem interrupções no fluxo do som.
Notas: 1. Os sons podem ser altos ou baixos, gritados ou sussurrados. A variedade é desejável.

2. Os times de dois jogadores podem se juntar em diferentes lugares da sala e todos participam do jogo simultaneamente, enquanto o diretor dá instrução para todos os times de uma vez.

Fala Espelhada

Objetivo: Seguir o seguidor verbalmente[4].
Foco: Refletir/espelhar as palavras do iniciador em voz alta.
Descrição: Times de dois jogadores. Os jogadores permanecem um de frente para o outro, e escolhem um tema para conversar. Um dos jogadores é o iniciador e inicia a conversa. O outro jogador reflete e espelha em voz alta as palavras do iniciador. Ambos os jogadores estarão falando as mesmas palavras em voz alta exatamente no mesmo momento. Quando é dada a instrução: "Troca/", os jogadores mudam de posição.

Aquele que refletia torna-se o iniciador do discurso e o que iniciava passa a ser o refletor. As trocas devem ser feitas sem interrupção da fluência das palavras. Depois de algum tempo, não será mais necessário que o diretor dê a instrução para as trocas. Os jogadores irão "seguir o seguidor" no discurso, pensando e dizendo as mesmas palavras simultaneamente, sem esforço consciente.

Notas: 1. Deve-se dar instrução para que os iniciadores evitem fazer perguntas. Se forem feitas perguntas, o espelho deve apenas refletir a pergunta, e não respondê-la.

2. A diferença entre repetir as palavras do outro, e refletir as palavras do outro deve ser entendida organicamente para que o "siga o seguidor" possa se realizar. Em certo sentido, os jogadores estabelecem contato entre si através da mesma palavra e tornam-se uma mente única, abertos um para o outro. Na medida em

Refletor, permaneça com a mesma palavra!
Reflita aquilo que está ouvindo!
Reflita a pergunta! Não responda!
Compartilhe sua voz!
Troca de refletor! Mantenham a fluência entre os dois!
Permaneçam com a mesma palavra!
Saiba quando você inicia o discurso!
Saiba quando você está refletindo!
Troca! Troca!
(Quando os jogadores estiverem falando a uma só voz, sem intervalo de tempo):
Agora fique na sua! Não inicie! Siga o seguidor!
Siga o seguidor!

Plateia, os jogadores ficaram com a mesma palavra ao mesmo tempo?
Jogadores, vocês sabiam quando estavam iniciando a fala e quando estavam refletindo?
Vocês sabiam quando estavam seguindo o seguidor?

---

4. Veja *Siga o Seguidor*, p. 39.

Para todos os jogadores, qual é a diferença entre repetir uma fala e refletir uma fala?

que a conversa fluem entre os jogadores aparentemente sem esforço, surge o diálogo verdadeiro!
3. O próprio texto pode ser apresentado e explorado, bastando restringir o assunto da conversa entre os jogadores ao assunto do texto.
4. Se o tempo for limitado, peça para o grupo dividir-se em times de três jogadores, sendo um dos times os instrutores. Todos os times jogam simultaneamente em pontos diferentes da sala.

Sussurro no Palco

Objetivo: Desenvolver momentos dramáticos.
Foco: Sussurrar no palco: sussurrar com projeção total e com a garganta aberta[5].
Descrição: Times de dois jogadores estabelecem Onde, Quem e O Quê, em que sejam forçados a sussurrar uns com os outros. Por exemplo: ladrões em um armário, amantes discutindo numa igreja. Antes de iniciar o jogo, os jogadores podem sentar-se e ofegar por alguns segundos.

Abra sua garganta!
Utilize o corpo todo!
Sussurre desde a ponta de seus pés!
Não sussurre de verdade... sussurre no palco!
Deixe a plateia ouvir o que você está falando!
Foco em Sussurre no palco!
Sussurre no palco!

Notas: 1. Como esse exercício requer muita energia física, essa energia liberada traz para o palco situações cênicas vivas, divertidas e excitantes. Se o foco for mantido em sussurrar no palco, este exercício quase invariavelmente produz uma experiência teatral para os jogadores.

    2. A instrução *Um minuto!* Pode intensificar o esforço do time neste exercício.

    3. Lembrete: Quando os jogadores, por causa da resposta da plateia, sentirem-se cerebralmente atrelados ao diálogo interessante ou ao humor que se desenvolve no evento (cena), dê a instrução: *Sussurrar no palco!*, para que os jogadores voltem ao foco do jogo.

Os jogadores falaram baixo ou sussurraram no palco? Jogadores, vocês deixaram o foco trabalhar por vocês? Plateia, vocês concordam?

---

5. Um sussurro no palco não é um sussurro verdadeiro. Ele deve ser ouvido pela plateia.

Conversas Não Relacionadas

Objetivo: Mostrar que o corpo todo é requisitado para ouvir.
Foco: Estender a atenção com o corpo todo para aquele que está falando sem concordar, discordar ou responder.
Descrição: Qualquer número de jogadores. Os jogadores ficam sentados numa roda de conversa. Qualquer um dos jogadores fala sobre algum assunto escolhido. Todos os outros atores ouvem o que está sendo dito, dando total atenção física àquele que está falando. Outro jogador interrompe e inicia outro assunto, sem qualquer relação com a primeira conversa. Enquanto, cada jogador mantém o seu assunto em andamento, muitas outras conversas são iniciadas por diferentes jogadores. Cada jogador continua com o seu próprio assunto.
Notas: 1. A atenção corporal cria uma fluência que é sentida pelos jogadores. Dê instrução para os que se distanciam daquele que está falando. Os jogadores ficam ligados uns aos outros por meio da atenção corporal e não por meio da fala ou do assunto.
2. Utilize este jogo durante os ensaios de mesa.

Dê àquele que está falando, toda a sua atenção corporal! Interrompa a conversa quando desejar! Interrompa! Mantenha o seu próprio assunto! Não entre em acordo! Não discorde! Atenção física! Ouça com os pés! Ouça com os olhos! A espinha! Com a cabeça! Com os ombros!

Efeitos Sonoros Vocais

Objetivo: Criar um ambiente utilizando sons.
Foco: Tornar-se o ambiente (Onde) apenas através dos sons.
Descrição: Times de quatro a seis jogadores estabelecem o Onde e reúnem-se em torno de um microfone. Utili-

(Geralmente desnecessário) **O som é seu parceiro de jogo! Traga o Onde para o espaço de jogo! Dê ao som o seu lugar no espaço! Cada som é parte do todo!**

zando o som como uma parte do todo, os jogadores tornam-se o ambiente escolhido (uma estação de trem, selva, porto etc.). Pelo fato de não haver ações em cena, os jogadores podem estar fora da visão da plateia ou a plateia poderá fechar os olhos.

Notas: 1. Passe o microfone de mão em mão para permitir que todos os jogadores experimentem com o som.

2. Uma gravação do trabalho do grupo que possa ser tocada durante a avaliação ajuda a todos. Quando os jogadores reconhecem sua contribuição como parte do todo, tem-se como resultado uma grande dose de entusiasmo.

3. Deixe que utilizem papel celofane para o crepitar do fogo, um canudinho num copo d'água para reproduzir o som de água corrente etc. Estimule a variedade.

Quem Está Batendo?

Objetivo: Desenvolver comunicação não verbal.
Foco: Mostrar Onde, Quem e O Quê através da batida na porta.
Descrição: Um dos jogadores permanece fora da visão da plateia e bate em uma porta. O jogador deve comunicar Quem está batendo, por que razão, Onde, a que hora do dia, o tempo etc. Alguns exemplos incluem: um policial à noite, um amante rejeitado à porta da namorada, um mensageiro do rei, uma criança bem pequena em um armário.
Notas: 1. Durante a avaliação, o diretor irá descobrir que muitos observadores não conheciam as circunstâncias exatas: o Onde, Quem, O Quê. Agora que todos sabem, peça para o jogador repetir a batida. Os observadores irão escutar com maior intenção e achar que a comunicação é mais clara agora que não precisam mais adivinhar.

Onde estavam os jogadores?
O Onde estava no espaço ou na cabeça dos jogadores?
(Pergunte individualmente): *Você era parte do todo?*

Compartilhe sua batida!
Tente novamente!
Intensifique!
Deixe que o som de sua batida penetre o espaço!
Ouça/encontre o som no espaço!
Coloque toda atenção corporal no som físico!

2. Repetir a batida após a avaliação faz com que a plateia se torne parte do jogo e se envolva com o que os outros jogadores estão fazendo.

3. Algumas perguntas na avaliação podem ser impossíveis de serem respondidas, mas fazê-las pode provocar novos *insights* nos jogadores.

Quem está batendo? Em que porta?
A que hora do dia?
Com que objetivo?

JOGOS DE NÃO MOVIMENTO

"Não movimento" não é congelar. Seu objetivo é criar uma área de repouso ou não pensamento entre as pessoas no exato momento em que estão ocupadas com diálogo e atividade em cena. Se for realizado com compreensão surgirá dessa área de repouso ou não pensamento, uma energia que explode e se expressa através de uma utilização singular de adereços, diálogos, relacionamentos de personagens mais intensos, e tensão crescente em cena.

O que estamos procurando fazer acontecer é a aceitação do invisível como um elo entre os jogadores. O elo é a verdadeira comunicação.

Como o objetivo desses jogos é interromper o pensamento e a verbalização conceitual, evite apresentá-los muito detalhadamente.

Alguns jogadores acham a instrução Repouse! *Mais útil do que outras para atingir a necessária sensação física.*

Aquecimento com Não Movimento

Objetivo: Ajudar a entender os elementos do movimento.
Foco: No não movimento dentro do movimento.
Descrição: Parte 1: Os jogadores erguem e abaixam os braços quebrando a fluência do movimento numa série de quadros, como em um filme. Parte 2: Quando forem instruídos, os jogadores erguem e abaixam os braços em velocidade normal, mas focalizando os períodos (sensação) de "não movimento" dentro da fluência total do movimento.

Parte 1: **Levante os braços numa sequência de paradas!**
Focalize a sensação de "não movimento" ao levantar os braços!
Focalize o não fazer nada!
Abaixe os braços em "não movimento"!
Fique de fora dele!

Parte 2: **Levante os braços em velocidade normal, focalizando o "não movimento"!**
Acelere sua velocidade, focalizando o "não movimento"!
Levante e abaixe! Velocidade normal com "não movimento"!
Fique de fora dele!

Quantos sentiram o "não movimento"? A sensação de que os braços se movimentavam por si mesmos?

Caminhe pela sala em "não movimento"!
Focalize os períodos de "não movimento"!
Não faça nada! Deixe que seu corpo caminhe pela sala!
Permaneça em "não movimento"!
Ao caminhar pela sala, deixe que a sua visão veja toda a sala e todos os objetos à sua volta!
Continue! Veja seus parceiros em "não movimento"!
Deixe que seu corpo caminhe pela sala em "não movimento"!
Deixe que seu corpo leve você para um passeio e veja a paisagem à sua volta!

Nota: Executado adequadamente, este exercício dá uma sensação e uma compreensão física de estar fora do caminho. Ao focalizar o "não movimento" as mãos, as pernas etc. movimentam-se sem esforço, sem vontade consciente. Você está em repouso através do "não movimento" – sem atitudes sobre a ação.

Não Movimento: Caminhada

Objetivo: Explorar o movimento corporal.
Foco: Não movimento dentro do movimento.
Descrição: Os jogadores (grupo todo se possível) caminham pela sala, área de jogo ou qualquer espaço grande focalizando o não movimento.
Notas: 1. Todos os exercícios com visão, audição e tato podem ser acrescentados a esta caminhada pelo espaço se o tempo e a disposição permitirem. A instrução *Não movimento!* pode ser utilizada para correr, escalar etc.

   2. *Não movimento!* utilizada como instrução mantém o jogador calmo e livre do assunto. Esta perda de preocupação alivia os temores, a ansiedade etc. e permite que uma mente clara e limpa faça surgir algo novo.

JOGOS COM ESPAÇO

Usar objetos do espaço não é fazer mímica. Os objetos do espaço tornam visível o invisível: uma aparição! Projeções mágicas e espontâneas de nosso eu interior (invisível) entram no mundo visível! A mímica descreve um gesto conhecido, compreensível para a plateia.

Os objetos do espaço propõem a visão direta, através do intuitivo. Na mímica, a plateia interpreta o gesto com a mente lógica e racional.

Nos jogos teatrais, procure a aparição. Deixe que os objetos do espaço apareçam!

Encontrar Objetos no Ambiente Imediato

Objetivo: Tornar visível o invisível.
Foco: Receber objetos do ambiente.
Descrição: Três ou mais jogadores estabelecem um relacionamento simples e uma discussão que envolva a todos, como por exemplo, um encontro de pais e mestres ou uma discussão familiar. A discussão pode acontecer em torno de uma mesa do espaço. Durante o decorrer do encontro, cada jogador encontra e manipula tantos objetos quanto possível. Os jogadores não planejavam previamente quais serão esses objetos.
Notas: 1. Este é um problema bipolar. A atividade de cena, o encontro, deve ser contínuo, enquanto a preocupação, o foco, deve ser elaborado durante todo o tempo. Alguns jogadores manterão o encontro e irão negligenciar o foco. Dê instruções de acordo! 2. Quando este problema estiver solucionado, para o entusiasmo de todos, os objetos irão aparecer infinitamente: fios de cabelos serão encontrados no casaco do vizinho, poeira flutuando no ar, lápis aparecem através das orelhas etc. Todos os jogadores têm a oportunidade de descobrir isto por si mesmos.

Não tenha pressa!
Deixe que os objetos apareçam!
Mantenha a discussão em andamento!
Compartilhe a sua voz!
Mantenha o contato com os parceiros!
Os objetos são encontrados no espaço!
Ajude seu parceiro que não está jogando!

Os objetos apareceram ou foram inventados?
Os jogadores viram os objetos dos outros jogadores e os utilizaram? Os jogadores referiram-se aos objetos ou estabeleceram contato de fato com eles? Jogadores, os objetos surgiram por meio de associação, ou vocês deixaram que eles aparecessem?

CAMINHADAS NO ESPAÇO

A utilização do espaço ou movimento estendido durante os ensaios ajuda a integrar o quadro de cena. Esses exercícios quebram o isolamento estático em que muitos jogadores se mantêm, apesar do trabalho com outros problemas de atuação. Embora especialmente úteis para a imaginação, os exercícios com movimento estendido também ajudam muito as peças realistas. A seguir experimente o oposto, *Não Movimento*, p. 131-132. Os exercícios que utilizam a *Substância do Espaço*, p. 94, estão paralelos ao uso da dança ou movimento estendido e podem ser aplicados durante os ensaios.

Esse tipo de ensaio auxilia os jogadores, jovens ou velhos, a perceber que o corpo todo, ainda que parado, deve estar sempre pronto para saltar para a ação do palco. Isso dá uma energia interessante à cena e sempre surge uma qualidade coreográfica. Considere as partes do corpo – olhos, ouvidos, cérebro – como estruturas físicas ou equipamentos através dos quais o espaço flui, carregando visão, sons etc.

Da mesma forma que um bailarino, um ator nunca deve simplesmente esperar pela vez enquanto trabalha no palco.

Caminhada no Espaço nº 1

Objetivo: Familiarizar os jogadores com o elemento (espaço) no qual eles vivem[6].
Foco: Sentir o espaço com o corpo todo.
Descrição: Os jogadores caminham e investigam fisicamente o espaço como se fosse uma substância desconhecida.
Notas: 1. Como em todas as caminhadas no espaço, o diretor caminha com o grupo enquanto dá instruções para o exercício. Utilize as características físicas de seus jogadores (boca cerrada, ombros curvados etc.) como guia para dar as instruções para as caminhadas no espaço. Por exemplo, se um dos jogadores tem uma expres-

**Caminhe por aí e sinta o espaço à sua volta!
Investigue-o como uma substância desconhecida e não lhe dê um nome!
Sinta o espaço com as costas! Com o pescoço!
Sinta o espaço com o corpo e deixe que suas mãos formem um todo com o seu corpo!
Sinta o espaço dentro da boca!
Na parte exterior de seu corpo!**

---
6. Veja também *Sentindo o Eu com o Eu*, p. 43.

são rígida no olhar, você pode dizer: *Coloque o espaço onde estão os seus olhos! Deixe que a sua visão passe pelos seus olhos!* Quando especificar a área de tensão de um dos jogadores, não deixe que ele o perceba. O que ajudar um deles, ajuda todos.

2. Uma introdução simples para a substância do espaço é perguntar para os jogadores o que existe entre você e eles. Os jogadores irão responder: "Ar", "Atmosfera", "Espaço". Qualquer que seja a forma como os jogadores denominam, peça para que considerem aquilo que está entre, ao redor, acima e abaixo deles como sendo "substância do espaço" para o objetivo deste exercício.

3. Dê algum tempo entre cada frase de instrução para que os jogadores possam experimentar.

4. Você pode querer adiar a experimentação destes jogos até que se sinta mais à vontade com esta abordagem do espaço.

5. Não insista na avaliação de caminhadas no espaço.

Caminhada no Espaço nº 2

Objetivo: Sentir o espaço ao redor.
Foco: Sustentar a si mesmo ou deixar que a substância do espaço o sustente, de acordo com a instrução.
Descrição: Os jogadores caminham pela sala e sustentam a si mesmos ou permitem que o espaço os sustente, de acordo com a instrução.
Notas: 1. Como em *Caminhada no Espaço nº 1*, o diretor caminha com o grupo enquanto dá as instruções para o exercício. Dê um espaço de tempo entre as instruções para que os jogadores experimentem.

2. Deixar que o espaço sustente não significa perder o controle ou andar aos trancos. O jogador deve permitir que o corpo encontre o seu alinhamento

**Sinta a forma de seu corpo quando se move pelo espaço!
Agora deixe que o espaço sinta você! O seu rosto!
Os seus braços! O seu corpo todo!
Mantenha os olhos abertos!
Espere! Não force!
Você atravessa o espaço e deixa que o espaço o atravesse!**

Alguém teve a sensação de sentir o espaço ou de deixar que o espaço o sentisse?

**Você atravessa o espaço e deixa que o espaço atravesse você!
Enquanto caminha, entre dentro de seu corpo e sinta as tensões!
Sinta seus ombros!
Sinta a coluna de cima a baixo!
Sinta o seu interior a partir do interior!
Observe! Anote!
Você é o seu único suporte!
Você sustenta o seu rosto! Seus dedos dos pés!**

Seu esqueleto todo!
Se você não se sustentasse, você se despedaçaria em mil partes!
Agora mude! Caminhe pelo espaço e deixe que o espaço o sustente!
O seu corpo entenderá!
Perceba que o seu corpo está sentindo!
Coloque espaço onde estão seus olhos!
Deixe que o espaço sustente seu rosto!
Seus ombros! Agora mude!
Agora é você quem se sustenta novamente!

Havia uma diferença entre sustentar a si mesmo e deixar que o espaço o sustentasse?

Variação: **Sem apalpar com as mãos! Sem tatear! Sinta, veja com o corpo todo! Fique de olhos fechados!**

Parte 1: **Você passa pelo espaço e deixa que o espaço passe por você!
Sinta o seu esqueleto se movimentando no espaço!
Evite ver uma foto de seu esqueleto!
Sinta o movimento de cada articulação!
Deixe que suas articulações se movimentem livremente!
Sinta o movimento de sua coluna!
De seus ossos pélvicos! De suas pernas!**

correto. *Permita que o seu corpo encontre o alinhamento correto!* é uma instrução útil neste exercício.

3. Faça isto várias vezes. Todos terão prazer. Espere até que todos os jogadores conheçam uns aos outros.

4. Mude de um para outro entre sustentar a si mesmo e deixar que o espaço o sustente, até que os jogadores experienciem a diferença.

Variação: Peça para os jogadores fecharem os olhos e caminharem uns em torno dos outros. Enquanto os olhos estiverem fechados, dê a instrução: "Congelar/" Peça aos jogadores para identificar pelo nome ou descrever os jogadores à sua volta.

Caminhada no Espaço nº 3: Esqueleto

Objetivo: Sentir o corpo fisicamente
Foco: O movimento físico do esqueleto no espaço.
Descrição: Os jogadores caminham pelo espaço, focalizando o movimento do esqueleto nos ossos e nas articulações.
Nota: Dê instrução para os jogadores voltarem para a forma de seu corpo.

Deixe que sua cabeça repouse sobre o seu próprio pedestal!
Sinta o seu crânio com o seu crânio!
Agora ponha espaço onde estão as suas bochechas!
Em torno dos ossos do seu braço!
Entre cada disco de sua espinha dorsal!
Ponha espaço onde está o seu estômago!
Sinta sua própria forma uma vez mais!
O contorno exterior de todo o seu corpo no espaço!
Sinta onde termina o espaço e começa o seu corpo!

Parte 2: **Agora assuma a atitude corporal e facial de uma outra pessoa!**
De dentro para fora! Os lábios! Os olhos! O esqueleto!
Assuma a expressão física dessa pessoa!
Agora, assuma os sentimentos (emoções) **dessa pessoa!**
Mantenha o físico da pessoa!

Você sentiu o seu próprio esqueleto movimentando-se no espaço?

Deixe que o espaço passe por você e você passe pelo espaço!
Deixe que a sua visão passe pelos seus olhos!

Tocar e Ser Tocado/Ver e Ser Visto

Objetivo: Ajudar a criar maior visão e sentimento nos jogadores.
Foco: Na instrução.
Descrição: Deixe que os jogadores se movimentem livremente pelo espaço cênico.

Deixe que o espaço passe por você e pelos seus parceiros!
Passeie em seu próprio corpo e veja a paisagem à sua volta!
Toque em um objeto do espaço – uma árvore, um copo, uma roupa, uma cadeira!
Quanto tocar o objeto, sinta-o, permita que ele sinta você!
(Varie os objetos.)
Toque um parceiro de jogo e deixe que ele toque em você!
Toque e seja tocado!
(Varie os jogadores.)
Veja um objeto!
Quando ver o objeto realmente, deixe que o objeto veja você!
(Varie os objetos.)
Veja um parceiro! Deixe que o parceiro veja você!
Encare o parceiro e esconda-se: Não o veja nem deixe que ele veja você!
Agora muda! Veja e seja visto!

Foi difícil permitir ser tocado... ser visto?

Os jogos tradicionais provocam uma resposta fisiológica forte.

Notas: 1. Lembre-se de que os jogadores devem se mover continuamente e dê tempo entre uma instrução e outra.

2. Permita que os jogadores toquem e sejam tocados, vejam e sejam vistos. É difícil para muitos jogadores permitirem a si mesmos serem vistos. Mudando continuamente de *Esconda!* para *Veja!* pode ajudar bastante.

3. *Ver e Ser Visto remove* atitudes, informação e narração sobre aquilo que o jogador está vendo. Acontece uma experiência direta que clareia o espaço entre os jogadores.

4. A instrução *Passeie em Seu Próprio Corpo!* leva os jogadores a experimentar o desprendimento, encontrando assim maior envolvimento.

JOGOS TRADICIONAIS

Surgiu um difícil problema em uma cena de festa, na qual seis ou sete atores tinham que circular e socializar, enquanto sub-repticiamente esperavam um sinal de seu diretor para fugir e criar um tumulto. Quando a cena foi ensaiada, ela estava estática e sem espontaneidade. O problema foi finalmente solucionado por meio de um jogo tradicional chamado *Quem Iniciou o Movimento?*, p. 47. Depois de jogar este jogo quatro ou cinco vezes, a cena da festa emergiu e a qualidade necessária do olhar sem olhar apareceu com nitidez. O entusiasmo provocado pelo jogo foi mantido pelos jogadores durante as apresentações.

Os jogos tradicionais são especialmente válidos para clarificar cenas que requerem marcação de tempo nítida. Uma cena no parque onde transeuntes deviam atravessar o palco (exigindo entradas e saídas contínuas) criou um sério problema de marcação de tempo. Era impossível "marcar" as travessias por meio de marcação tradicional pois deveria haver travessias aleatórias, mas nunca muitas ao mesmo tempo. O jogo tradicional *Passa Objeto* (abaixo) solucionou o problema para os jogadores. Depois de jogar o jogo uma vez, ele foi repetido. Mas desta vez os jogadores caminharam em vez de correr para o objetivo. Depois que um ou dois se entusiasmaram, os outros entraram sem hesitação.

Tenha alguns bons manuais de jogos em mãos e esteja familiarizado com seu conteúdo para que no momento em que surja um problema no palco, ele possa ser solucionado com um jogo tradicional[7].

Quando introduzir um jogo, seja parceiro sempre que possível.

Passa Objeto

Descrição: Dois times. Os times formam duas fileiras, uma ao lado da outra. O primeiro jogador do time tem um objeto na mão (um jornal enrolado, um bastão etc.). O primeiro jogador de cada time deve correr até um alvo previamente determinado, tocá-lo, correr de volta, e dar o objeto para o segundo jogador que deve, por sua vez, correr até o alvo, tocá-lo, correr de volta, dar o objeto para o terceiro jogador e assim por diante, até que todos os jogadores tenham terminado e um dos times tenha vencido.

---

7. Todos os livros de Neva Boyd são recomendados.

Eu Vou para a Lua

Objetivo: Desenvolver a memória e a observação
Foco: Lembrar uma série de sequências.
Descrição: Times de dez a doze formam um círculo.

Parte 1: O primeiro jogador diz "Quando eu for à Lua vou levar um baú (ou qualquer outro objeto)". O segundo jogador diz: "Quando eu for à Lua, vou levar um baú e uma caixa de chapéu". O terceiro jogador repete a frase até este ponto e acrescenta alguma coisa nova. Cada jogador repete a frase na sequência correta e acrescenta algo. Se um jogador errar a sequência ou esquecer algum item, ele sai do jogo. O jogo prossegue até que reste apenas um jogador.

Parte 2: A mesma estrutura do jogo acima, porém agora cada jogador realiza uma ação com o objeto.

Parte 3: O mesmo time joga como na parte 1, só que com uma nova série de objetos. Desta vez, contudo, os jogadores dão tempo para verem cada objeto na medida em que ouvem.

Notas: 1. Na parte 1 o jogador poderá sempre lembrar-se de todos os objetos ou ações na série, mas inacreditavelmente irá esquecer o último objeto mencionado. Esse jogador terá provavelmente se desligado do último jogador na ordem para planejar previamente o objeto a ser acrescentado.

2. Contudo, quando os objetos são representados, os jogadores raramente esquecem o objeto anterior. Repetir a parte 1 enquanto se vê os objetos mencionados facilita lembrar.

Parte 2: **Dê aos objetos o seu lugar no espaço!**
Mantenha os objetos no espaço – tire-os da cabeça!

Parte 3: (Quando os parceiros acrescentarem novos objetos.)
Não tenha pressa em ver os objetos!
Veja os objetos que são acrescentados!

Vocês viram a palavra quando ela foi falada?

Sílabas Cantadas

Descrição: Os jogadores sentam-se em círculo. Um deles sai da sala enquanto os outros escolhem uma palavra, por exemplo: jabuticaba. As sílabas da palavra são distribuídas pelos jogadores do círculo. "Já" fica com o primeiro grupo de jogadores, "bu" fica com o segundo grupo, "ti" fica com o terceiro grupo e assim por diante, até que todos os grupos tenham uma sílaba determinada. O grupo escolhe então uma melodia familiar (por exemplo: Parabéns a Você, Ou Atire o Pau no Gato etc.). Os jogadores cantam continuamente a melodia utilizando apenas a sílaba atribuída ao seu grupo. O jogador que saiu da sala volta para o jogo, caminha de grupo em grupo e procura compor a palavra utilizando tantas tentativas quantas forem necessárias. O jogo pode ser dificultado pedindo-se que os jogadores troquem de lugar depois que as sílabas forem atribuídas, dispersando assim os grupos. Todos os grupos devem cantar a sua sílaba a partir da mesma melodia simultaneamente.

OUTROS JOGOS COM ONDE

Veja as notas sobre o Onde, p. 49-50. Veja também *Verbalizando o Onde, Partes 1 e 2*, p. 100-101.

O Onde Especializado

Objetivo: Tornar visível o cenário invisível.
Foco: Mostrar o Onde através do uso de objetos físicos.
Descrição: Dois ou mais jogadores em cada time. Para todos os times é dado o mesmo Onde geral (saguão de hotel, escritório, sala de aula etc.). Os times devem especializar o Onde geral (um saguão de hotel *em Paris*, escritório de um *hospital*, sala de aula na *selva* etc.) e estabelecer Quem e O Quê.
Notas: 1. Estimule os jogadores a especializar o Onde fazendo escolhas pouco comuns (um escritório no céu, um saguão de hotel na selva).
2. Dê a instrução *Onde com Ajuda!* e *Onde com Obstáculo/quando* os jogadores precisarem de ajuda.

Mostre! Não conte!
Explore! Intensifique!
Intensifique os objetos específicos!

Os jogadores escolheram objetos diferenciados que deram vida ao seu Onde especializado?
Ou precisaram contar para nós Onde estavam por meio da fala?
Jogadores, vocês concordam?

Que Horas São?

**Sinta a hora com os pés!
Com a espinha dorsal! Com as pernas!
Não tenha pressa!
Sinta a hora com o rosto!
Com o corpo!
Da cabeça aos pés!
Deixe que o foco trabalhe para você!**

*Existe reação corporal as horas?
E possível comunicar a hora sem atividade ou objetos?
Todos sentiram a hora de sua própria maneira?
Quais eram as diferenças?
A hora do relógio é um padrão cultural?
Existe apenas hora de dormir, hora de trabalhar, hora de estar com fome?*

Objetivo: Estabelecer o cenário e o ambiente.
Foco: Sentir o tempo com o corpo todo, muscular e sinestesicamente.
Descrição: Divida o grupo em dois grandes times. Trabalhando individualmente dentro do seu time, os jogadores permanecem em pé ou sentados, focalizando a hora do dia dada pelo diretor. Os jogadores devem mover-se apenas se forem impulsionados pelo foco, mas não devem introduzir atividade só para mostrar o tempo.
Notas: 1. Os jogadores não devem interagir durante este exercício.
    2. Cada jogador perceberá o tempo de forma diferente. Por exemplo, duas horas pode significar sono para muitos, mas o coruja do grupo estará inteiramente desperto.
    3. Assim como nos exercícios *Que Idade Tenho?* e *O Que Faço para Viver?*, p. 117, repita a hora apenas e veja o que surge.

O Que Está Além: Atividade

**Mostre, não conte!
Deixe seu corpo refletir o que aconteceu há pouco!
Intensifique-o! Deixe seu corpo refletir qual atividade irá acontecer?**

*O que acabou de acontecer?
Os jogadores mostraram ou contaram?
O que irá acontecer?
Os jogadores mostraram ou contaram?*

Objetivo: Desenvolver a comunicação não verbal.
Foco: Comunicar a atividade que acontece num lugar onde se vai entrar.
Descrição: Um de cada vez, os jogadores entram, caminham pela área de jogo e saem. Sem utilizar fala ou atividade desnecessária, o jogador comunica que a atividade ocorreu antes de sua entrada ou ocorrerá após a sua saída.
Notas: 1. Mantenha a avaliação apenas no foco! Não estamos interessados em outra coisa senão no que acabou de ocorrer ou irá ocorrer.
    2. Se este exercício for dado no início do treinamento, os jogadores devem manter simplicidade naquilo que ocorreu (por exemplo, cavando neve lá fora).

3. Quando repetido mais tarde *O Que Está Além* deve ser baseado em relacionamentos, como por exemplo: uma briga com o/a namorado/a, um funeral, um assalto.

O Que Está Além?

Objetivo: Comunicar um evento passado e uma ação presente simultaneamente.
Foco: O que aconteceu além ou irá acontecer enquanto totalmente envolvido com a atividade em cena.
Descrição: Dois ou mais jogadores estabelecem Onde, Quem e O Quê. Os jogadores devem realizar sua atividade (O Quê) em cena. Eles devem ter feito algo juntos antes de entrar em cena ou irão fazer algo juntos quando saírem.
Notas: 1. Faça com que O Que Está Além seja um evento modificado que envolva profundamente os jogadores. Por exemplo: um caso de amor, um ato criminoso, morte, divórcio, perda de emprego etc. Se O Que Está Além for apenas uma atividade simples compartilhada pelos jogadores, o envolvimento (O Que Está Entre Ambos) não irá energizar o jogo cênico.

2. Mantenha O Que Está Além não relacionado com o que está acontecendo em cena. Não deve ser discutido entre os jogadores nem deve ser suprimido. Esta aparente contradição é o que permite com que O Que Está Além irrompa forte em cena, resultando num fim de cena natural.

Sustente a atividade!
Intensifique a relação com o parceiro!
Explore o espaço!
Trabalhe com o não movimento no que está além!
Preencha o espaço com O Que Está Além!

Os jogadores mantiveram o foco ou começaram a interpretar?

JOGOS VARIADOS

Acrescentar uma Parte

Objetivo: Ajudar os jogadores a trabalhar juntos.
Foco: Usar parte de um objeto inteiro no espaço – fora da cabeça.
Descrição: Times de oito a dez jogadores. O primeiro jogador utiliza ou estabelece contato com uma parte de um objeto maior que somente ele tem em mente e então sai da área de jogo. Um por um, os jogadores utilizam ou estabelecem contato com outras partes do objeto maior até que o objeto todo esteja configurado no espaço.
Exemplo: O primeiro jogador senta-se e utiliza um volante, o segundo arruma o espelho retrovisor, o terceiro abre a porta do carro e assim por diante.
Notas: 1. Esse jogo é semelhante ao *Parte de um Todo*, p. 99, mas os jogadores não se tornam parte com o corpo. Aqui eles deixam partes do objeto maior na área de jogo.

2. Os jogadores não devem construir sua parte do objeto com instrumentos, mas utilizando esta parte. O espelho retrovisor, no exemplo dado, deve ser acrescentado olhando dentro dele e arrumando o penteado. O foco neste jogo está na aparência – quando o invisível se torna visível.

Deixe-nos ver o que você está vendo!
Dê às partes o seu lugar no espaço!
Permaneça com o mesmo objeto maior!
Os outros jogadores veem o objeto maior através das partes deixadas pelos outros!
Evite planejar a sua parte!
Utilize o que foi deixado pelos outros e deixe a sua própria parte aparecer!

Plateia, qual era o objeto completo? As partes acrescentadas estavam no espaço ou na cabeça dos jogadores? Jogadores, vocês concordam? Primeiro jogador, era esse o objeto que você tinha em mente?

Plateia Surda

Objetivo: Desenvolver a comunicação física.
Foco: Comunicar uma cena a uma plateia surda.
Descrição: Dois ou mais jogadores estabelecem Onde, Quem e O Quê. Os membros da plateia tampam os ouvidos para observar a cena. Os jogadores devem realizar a cena como fariam normalmente, usando diálogo e ação.

Comunique!
Fisicalize!
Mostre-nos!

Notas: 1. Na plateia os jogadores descobrem a necessidade de mostrar, não contar.
    2. A falta de vida de uma cena na qual os atores apenas falam em lugar de jogar, torna-se evidente mesmo para os mais resistentes.
Variação: Peça para a plateia permanecer de olhos fechados em lugar de tampar os ouvidos.

A cena teve animação?
Vocês sabiam o que estava acontecendo mesmo que não pudessem ouvi-los?
Onde eles poderiam ter fisicalizado a cena?

Cego

Objetivo: Desenvolver consciência sensorial com o corpo todo.
Foco: Movimentar-se pela área de jogo, de olhos fechados, como se pudesse ver, sem tatear.
Descrição: Dois ou mais jogadores preparam um simples Onde, Quem e O Quê, e estabelecem a área de jogo com adereços de mão reais, adereços de cenário, mesas, cadeiras. A área de jogo deve ser plana, retirando-se todos os objetos afiados. Necessita-se de vendas reais para os olhos. O Quê (atividade) deve exigir manuseio e troca de muitos objetos, como em uma mesa de chá.
Notas: 1. No início a perda da visão provoca ansiedade em alguns jogadores que permanecem imobilizados no mesmo lugar. A instrução e utilização do adereço telefone irá ajudar. Toque a campainha (vocal, se necessário) para chamar o jogador (pelo nome) a atender o telefone. Não é necessário conversar. O jogador levará o jogo adiante.
    2. O contato a partir do manuseio e troca de adereços reais é necessário para o sucesso deste exercício.

Continue com este movimento!
Encontre a cadeira que você estava procurando!
Aventure-se!
Pendure o seu chapéu!
Integre este tatear no seu personagem!

Os jogadores movimentaram-se naturalmente?
Eles integraram o tatear ao Onde, Quem e O Quê?
Esta integração era interessante?
(Se o jogador está procurando uma cadeira, ele pode inclinar o tronco ou balançar o braço como se esses movimentos fizessem parte do personagem.)

Pregão

Faça o pregão!
Intensifique!
Mais forte!

Objetivo: Quebrar barreiras entre os jogadores e a plateia.
Foco: Comunicação com a plateia.
Descrição: Um jogador individualmente. O jogador deve vender ou demonstrar alguma coisa para a plateia. Depois de fazer o discurso (apresentação) uma primeira vez, pede-se para o jogador repeti-lo mas desta vez em forma de pregão.
Notas: 1. Veja *Blablação: Vender*, p. 76.

Qual era a diferença entre os dois discursos?
Por que o pregão faz com que o jogador adquirisse vida?

2. Os jogadores da plateia irão descobrir que um pregoeiro deve comunicar-se com a plateia e por isso deve estar intimamente envolvido com ela.

Ocultando

Oculte o assunto!
Oculte seu parceiro de jogo!
Oculte o Onde!

Objetivo: Entender a autoconsciência.
Foco: Ocultar o assunto, o Onde, o personagem de acordo com a instrução.
Descrição: Ocultar não significa ignorar o que estamos ocultando. O jogador permanece com aquilo que está ocultando ao mesmo tempo em que se agarra a ele.
Notas: 1. Ocultar, como muitos outros jogos, é um paradoxo: a mente procurando imaginar como ficar consciente daquilo que deve ser ocultado. Isto produz um movimento mágico de desequilíbrio, uma das portas para o intuitivo.

2. A mente do jogador está esvaziada (livre) de todas as manifestações de atitude ou interpretações. Este esvaziamento permite à mente fluir e tornar-se parte daquilo que está acontecendo agora. O invisível torna-se visível.

3. O que estamos procurando fazer acontecer é a aceitação do invisível como uma possibilidade de conexão entre os jogadores e a plateia, sendo esta conexão a comunicação oral.

4. Um jogador em uma das cenas de pré-assassinato de Macbeth, quando foi instruído *"Oculte a Lady Macbeth!"*, tornou-se um homem extremamente perigoso, um homem passivo com uma espada na mão.

5. Veja *Tocar e Ser Tocado/ Ver e Ser Visto*, p. 137.

Glossário e Frases Para Instrução

    Todas as frases para instrução são dadas durante o jogo de cena e ensaios. Os atores não param para considerar o que está sendo instruído. Eles atuam! Quando as frases de instrução começam a funcionar para você e seu elenco, raramente são entendidas como direção teatral. Resultante desse processo é uma conexão simbiótica. As frases de instrução suscitam ação e jogam todos no presente.

Ajude o parceiro que não está jogando! Desperta o elenco para as necessidades dos outros. Produz atividade de cena.

Aja, não reaja! Atuar é levar adiante; reagir é internalizar algo antes que seja colocado para fora.

Blablação! Português! Sem tempo para pensar. Sem "posso ou não posso?" Agora!

Câmera lenta! Traz os jogadores para o momento do seu jogo. Os detalhes tornam-se mais nítidos. Os jogadores veem e sentem o que está acontecendo.

Compartilhem o espaço entre vocês! Encontro no centro. O espaço entre os jogadores é onde as energias individuais podem se encontrar. Produz desprendimento artístico, torna visível para os jogadores o que está acontecendo em relação ao personagem e à emoção.

Compartilhe sua voz! Produz projeção! Responsabilidade em relação à plateia. Não é apenas uma instrução para falar mais alto. Ajuda a alertar os jogadores organicamente, sem a necessidade de preleções para a interação com a plateia.

Passe a bola (a palavra, o intervalo, o olhar) o seu tempo e espaço! Uma pausa é dada. Tempo/espaço podem ser um momento cênico muito emocionante. O mesmo é válido para um olhar, uma palavra.

Dê! Tome! Dê! Tome! Consciência dos outros.

Deixe sua visão fluir através de seus olhos! Deixe o som fluir através de seus ouvidos! Deixe sua mente fluir através de seu cérebro! Útil para Caminhadas no Espaço.

Duas cenas! Dois centros, clarifica a confusão.

Estabeleça contato! Vogais e consoantes! Atitude! Lembretes.

Explore esse gesto! Pausa! Amplia a experiência.

Explore esse objeto! Essa ideia! Esse som! Esse pensamento! Coloca o jogador em uma observação meditativa quando se procura a exploração.

Explore esse som! Reforça o movimento, a visão, o pensamento, o personagem.

Fisicalize esse pensamento! Dá expressão física (corporal) para uma emoção emergente.

Fora da cabeça, coloque no espaço! Abra para a comunicação! Útil para livrar-se de atitudes. Os jogadores movem-se em direção ao espaço de cena. Libera o intuitivo (área X).

Intensifique esse movimento... esse sentimento! Traz uma experiência mais ampla, mais intensificada.

Mantenha o olho na bola! No parceiro! No adereço! Ancora o jogador no movimento.

Fique de fora! Interrompe interferências. Interrompe o controle.

Não movimento! Interrompe o excessivo controle cerebral. Coloca a ação e o pensamento no fogo.

Oculte seu parceiro! Oculte o Onde! Oculte a plateia! Dá uma nova relação com o que foi ocultado. Acrescenta visão ao trazer o ocultado para o foco, como em um *close*.

Evita que o jogador se oculte. Pode revelar qualidades de personagem escondidas.

Passeie em seu próprio corpo! Veja a paisagem! Cria grande desprendimento artístico. Útil durante os ensaios.

Permita que o foco trabalhe por você! Deve relaxar os jogadores. Ajuda a relaxar controle obsessivo. Uma força exterior está trabalhando e ajudando.

Quadro de cena! Ajuda os jogadores a verem a perspectiva da plateia. Traz os jogadores e a plateia para o espaço cênico.

Sinta isso! Com as costas! Com os pés! Com a cabeça! Com os ombros! Uma emoção toma conta do corpo todo.

Sussurrar no palco! Lembra os jogadores de sussurrarem audivelmente. Intensifica relacionamentos.

Toque! Permita ser tocado! Expande o mundo sensorial.

Utilize o corpo todo! Ajuda a fisicalizar emoções, sentimentos, pensamentos, personagem.

Veja! Permita-se ser visto! Saia, saia, de onde quer que esteja.

Veja o teto! As paredes! Veja a janela! Desperta o jogador para o Onde.

Índice de Jogos

Acrescentar uma Parte	144	Dar e Tomar (Aquecimento)	54
Aquecimento com Não Movimento	131	Dar e Tomar	54
		Diálogo Cantado	45
Baú Cheio de Chapéus	116	Dublagem	97
Blablação: Vender	76		
Blablação/Português	77	Efeitos Sonoros Vocais	129
		Encontrar Objetos no Ambiente Imediato	133
Cabo de Guerra	35	Espelho	38
Câmera	89	Espelho com Penetração	124
Câmera Lenta	45	Espelho e Som	126
Caminhadas no Espaço	134	Eu Vou para a Lua	140
Caminhada no Espaço nº 1	134	Exercício para as Costas nº 1	121
Caminhada no Espaço nº 2	135	Exercício para as Costas nº 2	122
Caminhada no Espaço nº 3: Esqueleto	136	Explorar e Intensificar	69
Cego	145	Exposição	34
Coelhinho Sai da Toca	47		
Começo e Fim com Objetos	67	Fala Espelhada	127
Contato Através dos Olhos nº 1	81	Fazendo Sombra	103
Contato Através dos Olhos nº 2	84		
Contato	82	Grito Silencioso	90
Convergir e Redividir	56		
Conversa em Três	80	Jogo de Bola	36
Conversas Não Relacionadas	129	Jogo do Onde nº 1	50
		Jogo do Onde nº 2	52

Jogo do Onde nº 3	52
Jogo do Quem nº 1	119
Jogo do Quem nº 2	119
Modificando a Intensidade da Emoção	88
Mostrando a Emoção (ação interior) por Meio de Objetos	86
Não Movimento: Caminhada	132
O Onde Especializado	141
O Que Está Além: Atividade	142
O Que Está Além ?	143
O Que Faço para Viver?	117
Ocultando	146
Parte de um Todo, Objeto	99
Passa Objeto	139
Pegador com Explosão	46
Plateia Surda	144
Pregão	146
Quadro de Cena	61
Que Horas São?	142
Que Idade Tenho?	117
Que Idade Tenho? Repetição	120
Quem é o Espelho?	38

Quem Está Batendo?	130
Quem Iniciou o Movimento?	47
Quem Sou Eu?	118
Saídas e Entradas	104
Segura isso!	61
Sentindo o Eu com o Eu	43
Siga o Seguidor	39
Sílabas Cantadas	140
Soletrando	44
Som Estendido	93
Substância do Espaço	94
Sussurro no Palco	128
Sustente! nº 1	122
Sustente! nº 2	123
Tensão Silenciosa nº 1	91
Tensão Silenciosa nº 2	92
Tocar e Ser Tocado/Ver e Ser Visto	137
Tomar e Dar	53
Transformação de Relacionamento	125
Transformando a Emoção	87
Três Mudanças	36
Ver a Palavra	68
Verbalizando o Onde, Parte 1	100
Verbalizando o Onde, Parte 2	101
Vogais e Consoantes	44

TEATRO NA PERSPECTIVA
A Arte do Ator e Teatro-Educação

Semiologia do Teatro
    J. Guinsburg, J. T. Coelho Netto e R.C. Cardoso (orgs.) (D138)
Natureza e Sentido da Improvisação Teatral
    Sandra Chacra (D183)
Jogos Teatrais
    Ingrid D. Koudela (D189)
Performance como Linguagem
    Renato Cohen (D219)
A Arte do Ator
    Richard Boleslavski (D246)
Um Vôo Brechtiano
    Ingrid D. Koudela (D248)
Prismas do Teatro
    Anatol Rosenfeld (D256)
Teatro de Anchieta a Alencar
    Décio de Almeida Prado (D261)
A Cena em Sombras
    Leda Maria Martins (D267)
Texto e Jogo
    Ingrid D. Koudela (D271)
O Drama Romântico Brasileiro
    Décio de Almeida Prado (D273)
Para Trás e Para Frente
    David Ball (D278)
Brecht na Pós-Modernidade
    Ingrid D. Koudela (D281)
O Teatro do Corpo Manifesto: Teatro Físico
    Lúcia Romano (D301)
Teatro com Meninos e Meninas de Rua
    Marcia Pompeo Nogueira (D312)
40 Questões Para um Papel
    Jurij Alschitz (D328)
Dramaturgia: A Construção da Personagem
    Renata Pallottini (D330)
Caminhante, Não Há Caminho. Só Rastros
    Ana Cristina Colla (D331)
Ensaios de Atuação
    Renato Ferracinio (D332)
A Vertical do Papel
    Jurij Alschitz (D333)
Improvisação para o Teatro
    Viola Spolin (E062)
Jogo, Teatro & Pensamento
    Richard Courtney (E076)
Sobre o Trabalho do Ator
    M. Meiches e S. Fernandes (E103)
Brecht: Um Jogo de Aprendizagem
    Ingrid D. Koudela (E117)
O Ator no Século XX
    Odette Aslan (E119)
O Ator Compositor
    Matteo Bonfitto (E177)
Papel do Corpo no Corpo do Ator
    Sônia Machado Azevedo (E184)
A Análise dos Espetáculos
    Patrice Pavis (E196)
As Máscaras Mutáveis do Buda Dourado
    Mark Olsen (E207)
Para Ler o Teatro
    Anne Ubersfeld (E217)
O Ator como Xamã
    Gilberto Icle (E233)
A Arte do Ator entre os Séculos XVI e XVIII
    Ana Portich (E254)
Conversas sobre a Formação do Ator
    Jacques Lassalle e Jean-Loup Rivière (E278)
*Persona Performática:
Alteridade e Experiência na Obra de Renato Cohen*
    Ana Goldenstein Carvalhaes (E301)
Como Parar de Atuar
    Harold Guskin (E303)
Função Estética da Luz
    Roberto Gill Camargo (E307)
Entre o Ator e o Performer
    Matteo Bonfitto (E316)
Ritmo e Dinâmica no Espetáculo Teatral)
    Jacyan Castilho (E320)
A Voz Articulada Pelo Coração
    Meran Vargens (E321)
Alegoria em Jogo
    Joaquim C.M. Gama (E335)
Campo Feito de Sonhos: Os Teatros do Sesi
    Sônia Machado de Azevedo (E339)
Teatro: A Redescoberta do Estilo e Outros Escritos
    Michel Saint-Denis (E343)
Isto Não É um Ator: O Teatro da Sòcietas Raffaello Sanzio
    Melissa Ferreira (E344)
Nissim Castiel: Do Teatro da Vida Para o Teatro da Escola
    Debora Hummel e Luciano Castiel (orgs.) (MP01)
O Grande Diário do Pequeno Ator
    Debora Hummel e Silvia de Paula (orgs.) (MP02)
Um Olhar Através de... Máscaras
    Renata Kamla (MP03)
Performer Nitente
    Adriano Cypriano (MP04)
O Gesto Vocal
    Mônica Andréa Grando (MP05)
Stanislávski em Processo
    Simone Shuba (MP06)
A Incorporação Vocal do Texto
    Marcela Grandolpho (MP07)
O Ator no Olho do Furacão
    Eduardo De Paula (MP08)

O Livro dos Viewpoints
    Anne Bogart e Tina Landau (pc01)
Treinamento Para Sempre
    Jurij Alschitz (pc02)
Dicionário de Teatro
    Patrice Pavis (lsc)
Dicionário do Teatro Brasileiro: Temas, Formas e Conceitos
    J. Guinsburg, J.Roberto Faria e M. Alves de Lima (lsc)
História do Teatro Brasileiro, v. 1:
Das Origens ao Teatro Profissional da Primeira Metade do Século XX
    João Roberto Faria (dir.) (lsc)
História do Teatro Brasileiro, v. 2:
Do Modernismo às Tendências Contemporâneas
    João Roberto Faria (dir.) (lsc)

História Mundial do Teatro
    Margot Berthold (lsc)
O Jogo Teatral no Livro do Diretor
    Viola Spolin (lsc)
Jogos Teatrais: O Fichário de Viola Spolin
    Viola Spolin (lsc)
Jogos Teatrais na Sala de Aula
    Viola Spolin (lsc)
Léxico de Pedagogia do Teatro
    Ingrid Dormien Koudela; José Simões de Almeida Junior (coords.) (lsc)
Rastros: Treinamento e História de Uma Atriz do Odin Teatret
    Roberta Carreri (lsc)